Le management

W0377728

QUE SAIS-JE ?

Le management

RAYMOND-ALAIN THIÉTART
Professeur à l'ESSEC BUSINESS SCHOOL
Professeur émérite à l'Université de Paris-Dauphine

Onzième édition

73e mille

1060
CAFOC TOULOUSE
CENTRE DE DOCUMENTATION
N° INVENTAIRE :

DU MÊME AUTEUR

La dynamique de l'homme au travail. Une nouvelle approche par l'analyse de système, Paris, Les Éditions d'Organisation, 1977.

La stratégie d'entreprise, 2e éd., Paris, McGraw-Hill, 1990.

Micro-Economic Contributions to Strategic Management (avec J. Thépot), Amsterdam, North-Holland, 1991.

Précis de direction et de gestion, 6e éd. (avec Y. Enrègle), Paris, Les Éditions d'Organisation, 1993.

Stratégie : actualité et futurs de la recherche (avec A.-C. Martinet), Paris, Vuibert, 2001.

Doing Management Research : A Comprehensive Guide (et al.), Londres, Sage, 2001.

*Stratégies : concepts, méthodes, mis en œuvre (*avec J.-M. Xuereb), Paris, Dunod, 2005.

Méthodes de recherche en management (et coll.), Paris, Dunod, 2007.

ISBN 978-2-13-053236-1

Dépôt légal — 1re édition : 1980
Réimpression de la 11e édition : 2008, août

© Presses Universitaires de France, 1980
6, avenue Reille, 75014 Paris

AVERTISSEMENT

Cette onzième édition reprend la structure des éditions précédentes : planification, organisation, activation, contrôle ; quatre fonctions qui recouvrent les tâches du management. Ces fonctions sont imbriquées dans l'action quotidienne et la présentation linéaire qui en est faite n'est qu'une construction artificielle d'une réalité plus complexe. Une autre aurait pu y être préférée. Le choix a été fait d'une logique reconstruite où le management se conçoit comme un ensemble d'intentions (la planification), transformées en actions par une bureaucratie (l'organisation) et des acteurs (l'activation), actions régulées par un système de pilotage (le contrôle). Deux chapitres ont été plus particulièrement refondus. Il s'agit de ceux sur la planification et l'organisation. Les modifications apportées dans ces chapitres couvrent les inflexions données au processus d'élaboration des plans ainsi que les modes nouveaux d'organisation mis en place dans un nombre croissant d'entreprises afin de répondre à un contexte caractérisé par un risque et une complexité croissants.

INTRODUCTION

> « Il n'y a rien dans le monde qui n'ait son moment décisif, et le chef d'œuvre de la bonne conduite est de connaître et de prendre ce moment. »
>
> Jean-François Paul de Gondi, cardinal de Retz.

Le management, mot magique et galvaudé de la fin des années 1960, tant de fois utilisé pour expliquer la supériorité économique d'un pays ou l'efficacité d'une entreprise, recouvre une réalité dont les composantes sont plus simples et les conséquences plus importantes que ce que l'on peut imaginer.

Le management[1], action ou art ou manière de conduire une organisation, de la diriger, de planifier son développement, de la contrôler, s'applique à tous les domaines d'activités de l'entreprise.

L'entreprise doit être perçue ici dans son sens le plus large. Le gestionnaire d'organisation, qu'elle soit privée, publique, à but lucratif ou non, doit mettre en œuvre des moyens techniques, financiers et humains pour accomplir sa tâche et réaliser les objectifs de cette dernière. La mise en œuvre de ces moyens s'articule autour de quatre activités prin-

1. Le mot « management » a probablement la même racine latine que « ménagement », mot français du XVIe siècle, dérivé de « ménager » et qui signifie « disposer, régler avec soin et adresse » (*Le Petit Robert,* 1976).

cipales : la planification, l'organisation, l'activation et le contrôle. Ces activités sont les bases du management.

Toutefois, sans la prise en compte des spécificités de l'organisation et de ses finalités articulées au sein de la stratégie, le management demeure un exercice vain. La main visible du management, pour reprendre l'expression d'Alfred Chandler[1], ne vient infléchir, sans cette condition, la main invisible du marché, pour façonner l'évolution de l'entreprise.

Idéalement, le management s'appuie sur la stratégie qu'il contribue en retour à nourrir. Par stratégie, il faut entendre l'ensemble des décisions et des actions concernant le choix de ressources et leur articulation en vue d'atteindre un objectif. Et c'est dans le choix et l'articulation de ces ressources que le management va trouver sa pleine dimension.

Le management varie aussi suivant le « champ de bataille », c'est-à-dire l'activité, retenue. Par exemple, le « champ de bataille » peut être celui des médias ou celui des logiciels ou bien encore celui des aciers plats. Gérer dans divers contextes technologiques et concurrentiels, induits par la stratégie, requiert des réponses adaptées en matière de management. Les modes d'organisation, d'établissement des plans, de direction et de contrôle sont ainsi différents pour une entreprise de conception de logiciels de ceux adoptés pour un hôpital ou bien encore de ceux d'une compagnie aérienne.

1. Alfred D. Chandler, *The Visible Hand. The Managerial Revolution in American Business,* Cambridge, Mass., Harvard University Press, 1977.

Si la stratégie influence le mode de management, le management conditionne également cette dernière[1]. En effet, en raison de l'inertie de décisions antérieures, de la déformation de l'information lorsque celle-ci passe par les divers filtres de l'organisation, de différentes situations de pouvoir, du processus de prise de décision, le management (c'est-à-dire, l'organisation, le processus de planification, les systèmes de contrôle et le mode de direction) exerce une grande influence sur le choix d'orientations nouvelles et de stratégies adoptées. Aussi, le management est-il à la fois conséquence et cause des engagements stratégiques pris par l'entreprise. Conséquence, car le management se doit de participer à l'articulation des ressources et la mise en œuvre de démarches dans le but d'orchestrer la stratégie. Cause, car la stratégie est pensée et décidée par ceux-là mêmes qui organisent, planifient et contrôlent.

Relation biunivoque, processus itératif, certes ! Mais la question de savoir quel management adopter demeure entière. Quel doit être, par exemple, le degré de décentralisation de la prise de décision au sein d'un laboratoire de recherche et développement ? Doit-il être plus ou moins élevé que celui au sein d'une entreprise de production d'énergie ? Quels doivent être les mécanismes de coordination d'une compagnie de transport aérien ? Doivent-ils être plus ou moins formel que ceux adoptés par une société de conseil ? À ces questions, des réponses ont été apportées ; réponses qu'un survol de travaux parfois anciens nous per-

1. Voir les travaux de David J. Hall et Maurice Saias, Les contraintes structurelles du processus stratégique, *Revue Française de Gestion,* 23, 1979, et Georges Mussche, La relation entre stratégie et structures dans l'entreprise, *Revue économique,* 1, 1974.

met de mieux cerner tout en les replaçant dans leur contexte historique. Tournons-nous vers ces derniers.

L'origine contemporaine du management remonteau début du XXe siècle où des hommes tels que Henri Fayol[1], en France, ou Frederik Taylor[2], aux États-Unis, créèrent des mouvements, de pensées et d'orientations différentes, dont l'influence se fait encore sentir de nos jours.

Le mouvement de la théorie administrative, conçue par Fayol et développée de manière parallèle aux États-Unis par Mooney et Reiley[3], Gulick et Urwick[4], Follett[5] et, en Allemagne, par Weber[6], part de l'hypothèse qu'il existe une manière idéale pour organiser le travail. L'entreprise est perçue comme étant une grande machine gouvernée par des lois universelles. Ces lois, ou plus modestement ces principes, se résument ainsi : spécialisation des tâches, standardisation des opérations, uniformité des procédures, unité de commandement, limitation de l'éventail de super-

1. Henri Fayol, avec la publication de son livre *Administration industrielle et générale* (1916), Paris, Dunod, 1970, a jeté les bases de la « théorie administrative ».

2. Frederik W. Taylor, dans son ouvrage *The Principle of Scientific Management* (1911), traduction française *La direction scientifique des entreprises,* Paris, Dunod, 1965, a établi les fondements du « taylorisme » ou « gestion scientifique ».

3. J. Mooney et A. Reiley, *Onward Industry !*, New York, Harper & Row, 1931.

4. L. Gulick et L. Urwick (eds.), *Papers on the Science of Administration,* New York, Columbia University Press, 1937.

5. M. P. Follett, *Dynamic Administration,* édit. H. Metcalf et L. Urwick, New York, Harper & Row, 1942.

6. M. Weber, *Theory of Social and Economic Organisation,* 1921. Max Weber, dont les travaux furent longtemps ignorés par les experts et les chercheurs en management, développe une thèse très proche de celle défendue dans la théorie administrative.

vision ou de contrôle, centralisation de la prise de décision, organisation par département.

Selon ce mouvement, les tâches doivent être spécialisées afin qu'une expertise se développe dans leur exécution. Les opérations doivent être standardisées, puisqu'il existe une meilleure manière pour fabriquer un produit ou fournir un service. Des règles et des procédures doivent être adoptées, afin qu'il y ait une bonne coordination et que tout soit planifié. Toujours dans ce même but, un seul homme est responsable et centralise la prise de décision. Néanmoins, comme tout contrôler est impossible, le nombre de subordonnés directs est limité. Enfin, afin d'éviter la duplication des fonctions, ces dernières sont regroupées au sein de départements dont la vocation unique est de satisfaire l'ensemble de l'organisation. On trouve le meilleur exemple d'application de ces principes dans l'organisation militaire. Toutefois, ces principes sont utilisés dans tous types d'organisation et continuent d'inspirer un bon nombre de praticiens.

La gestion scientifique, autre branche du mouvement classique du management, trouve ses bases dans les travaux de Taylor[1], ainsi que parmi ceux de Babbage[2], de Gantt[3] et de Gilbreth[4]. Plus que la théorie administrative, la gestion scientifique se propose de définir de façon très précise la manière selon laquelle les tâches doivent être organisées. Ici encore,

1. F. Taylor, *op. cit.*

2. C. Babbage, *On the Economy of Manichery and Manufactures,* London, C. Knight & Co., 1932.

3. H. Gantt, *Organizing for Work,* New York, Harcourt Brace & World, 1916.

4. F. Gilbreth, *Primer of Scientific Management,* New York, Harper & Row, 1912.

l'énumération de principes fondamentaux sert de base à cette approche. Il s'agit, d'une part, de rechercher la meilleure méthode pour réaliser une tâche ; de sélectionner l'individu le mieux à même d'accomplir cette dernière et de le former à la méthode particulière retenue ; ensuite de mettre en place un système d'incitation financière variant en fonction du travail réalisé ; et enfin, de séparer les tâches de planification et d'exécution entre le responsable et son subordonné.

Les hommes, dans la gestion scientifique, sont considérés comme les « adjoints des machines »[1]. Leurs mouvements, leur fatigue, leur temps de récupération, leur comportement sont perçus comme pouvant être analysés scientifiquement. De nombreuses observations soutenant cette approche existent. Ainsi en est-il de la célèbre expérience de Taylor, qui réussit à faire augmenter le tonnage moyen manipulé par un manœuvre de 16 à 59 t après une augmentation de son revenu moyen journalier de 1,15 à 1,88 $. De même Gilbreth, étonné par la diversité des méthodes utilisées par les maçons dans la pose de briques, décida de reprendre le problème à la base en s'inspirant des principes de la gestion scientifique. Après avoir défini une nouvelle méthode, spécifié les standards, déterminé les outils nécessaires, il put diminuer le nombre de mouvements pour réaliser une même tâche de 18 à 5, et obtint un accroissement de la productivité de 120 à 250 briques à l'heure.

1. Nous reprenons ici la fameuse expression utilisée par J. G. March et H. A. Simon dans leur livre, *Les Organisations* (1958), Paris, Dunod, 1969.

Toutefois, les approches classiques du management (théorie administrative et gestion scientifique) possèdent de nombreuses limites comme Massie[1] le met en évidence. Tout d'abord, la seule mesure prise en considération est l'efficacité, ou la production, sans prise en considération des facteurs humains. Selon cette approche, les hommes préfèrent être dirigés plutôt qu'avoir la liberté de décider et d'agir. Leur motivation est fondée sur la seule satisfaction de leurs besoins économiques et, par conséquent, le système de récompense doit être de nature monétaire. Les hommes « n'aimant pas travailler », les cadres dirigeants doivent les mener avec fermeté et équité, afin d'éviter qu'ils ne tombent dans un « mauvais travers ». L'approche classique possède ainsi une vue très mécaniste de la réalité et a une conception particulière de l'homme dans son cadre de travail. Aucune place n'est accordée aux problèmes de pouvoir, de groupes informels, de motivation. L'approche classique considère l'organisation comme une machine tournant, en quelque sorte, sur elle-même selon des règles préétablies.

Cette approche fut tout d'abord contestée par des hommes tels que Barnard[2], Simon[3] et Merton[4]. Ils firent remarquer que dans l'organisation, ce qui prévalait, en fait, était la coopération ou l'interaction entre

1. J. L. Massif, Management theory, in *Handbook of Organization,* J. G. March (ed.), New York, Rand McNally, 1965.

2. C. Barnard, *The Functions of the Executive,* Cambridge, Mass., Harvard University Press, 1938.

3. H. A. Simon, *Administrative Behavior,* New York, Macmillan, 1947.

4. R. K. Merton, *Social Theory and Social Structure,* New York, Free Press, 1957.

ses différents membres : interaction entre les activités des acteurs, coopération et coordination entre individus en vue de réaliser une certaine tâche, interaction entre organisation formelle et organisation informelle, coordination entre entités organisationnelles. Ils montrèrent également que, contrairement aux hypothèses de l'approche classique, le décideur dispose généralement d'un choix restreint d'options. Ce dernier tend à prendre des décisions qui sont contraintes par une rationalité limitée, pour reprendre le terme de March et Simon[1]. La notion d'autorité fut également remise en question. L'autorité n'existe pas de manière inattaquable chez celui qui en est officiellement investi, mais elle doit être acceptée. C'est-à-dire qu'elle est fonction du consentement ou de la « zone d'indifférence »[2] des individus qui la subissent, et non plus de celui qui désire l'exercer. Enfin, le concept de l'équilibre organisationnel mit l'accent sur l'échange délicat entre les compensations reçues par l'acteur (salaire, récompenses matérielles ou psychiques) et les contributions qu'il fournit (travail, dévouement), dans le but d'obtenir un fonctionnement satisfaisant de l'organisation tout entière.

Une deuxième contestation devait être faite par les instigateurs du mouvement des « relations humaines ». Il s'agissait de prendre en compte un élément de poids occulté dans l'approche classique : l'homme. Le mouvement des relations humaines, dont l'origine remonte

1. J. G. March et H. A. Simon, *op. cit.*
2. La « zone d'indifférence » est l'espace imaginaire au sein duquel l'individu accepte de subir l'autorité d'un autre en contrepartie d'un ensemble de compensations.

aux travaux de E. Mayo[1], prit un essor considérable vers la fin des années 1940. Mayo et ses collègues avaient été conviés à entreprendre une recherche sur les effets de différents facteurs physiques : éclairage, chaleur, disposition des locaux, etc., sur la productivité des travailleurs de l'usine Hawthorne de la Société Western Electric. Ils s'aperçurent que les conditions physiques n'avaient pas une importance prédominante et qu'au contraire le facteur humain exerçait un effet prépondérant sur la productivité. En effet, deux groupes de travailleurs, dont l'un était exposé à des variations d'intensité lumineuse et l'autre, le groupe de contrôle, à un éclairage d'intensité constante, révélèrent des taux de productivité différents. Toutefois, la différence entre groupes ne pouvait être imputée aux conditions physiques, mais bien à un autre facteur. Le groupe d'expérience, par exemple, accrût sa productivité au fur et à mesure de l'accroissement de l'intensité lumineuse mais, chose plus étrange, continua à l'accroître quand bien même l'intensité décrût jusqu'à la pénombre. Des expériences similaires furent entreprises en prenant la durée du travail comme variable. Là encore des résultats conformes aux précédents furent obtenus. L'ensemble de ces constatations contre-intuitives et opposées à ce que l'approche classique aurait pu laisser supposer, laissa penser que les attitudes des travailleurs vis-à-vis du changement auquel ils étaient soumis avaient plus d'importance que les conditions objectives de ce dernier. La perception et

1. E. Mayo, *The Human Problems of Industrial Civilization*, New York, Macmillan, 1933, et aussi J. F. Roethlisberger et W. J. Dickson, *Management and the Workers*, Cambridge, Mass., Harvard University Press, 1939.

l'interprétation du changement par le travailleur soumis à un conditionnement social et à des normes informelles du groupe de travail semblent ainsi influencer son comportement plus que tout autre facteur.

Quelques années plus tard, des auteurs tels que Argyris[1], McGregor[2], Likert[3] ou Maier[4] reprirent certaines idées prônées par les initiateurs du mouvement des relations humaines. C'est ainsi que Likert proposa de favoriser l'interaction entre individus, en vue de faciliter la résolution des problèmes au niveau du groupe, et de faire fonctionner l'organisation sur une base d'influence mutuelle plutôt qu'à partir d'un réseau formel de relations. Toutefois, plusieurs critiques furent faites à cette vision de l'organisation. D'une part, la prise de décision par un groupe dilue souvent les responsabilités, coûte de l'argent, et peut mener à un véritable étouffement des personnalités. D'autre part, s'il est vrai que la satisfaction des travailleurs peut s'accroître, il est hasardeux de penser que la productivité du travail en est améliorée, et que la qualité de la décision est supérieure à celle proposée par un expert. McGregor, quant à lui, constata que les hommes diffèrent dans leur nature et fit, à cet effet, une distinction entre ce qu'il appelle la théorie X et la théorie Y. Selon la théorie X, l'homme est paresseux. Il travaille le moins possible, manque d'ambition, n'aime pas les responsabilités ni le changement. La

1. C. Argyris, *Personality and Organization : The Conflict between System and Individual*, New York, Harper & Row, 1947.

2. D. McGregor, *La dimension humaine de l'entreprise* (1960), Paris, Gauthier-Villars, 1974.

3. R. Likert, *New Patterns in Management,* New York, MacGraw-Hill, 1961.

4. N. R. F. Maier, *Psychology in Industry,* Boston, Houghton Mifflin, 1960.

théorie Y présente une vision de l'homme différente. L'homme n'est pas passif par nature, il le devient du fait de son expérience dans l'organisation. Il est motivé et dispose des capacités nécessaires pour assumer des responsabilités ; il s'agit simplement de les découvrir et de les développer. Afin d'en tirer un meilleur parti, l'organisation se doit de mettre en œuvre des méthodes et de remplir les conditions qui favoriseront une conjonction des efforts individuels et des objectifs organisationnels. Cette approche, comme la précédente, présente certaines faiblesses. En particulier, elle ne prend pas en compte l'influence réciproque qui s'exerce entre les comportements individuels et la pratiques de management. Cette négligence est commune à l'ensemble du mouvement des relations humaines qui pèche également par d'autres aspects : l'accent est mis sur l'homme au détriment de tout autre facteur ; la perception idéaliste de l'individu, dans son contexte organisationnel, occulte l'existence d'un tissu formel de relations liant ce dernier à l'organisation.

En complément des approches « classiques » et « humaines », la théorie de la contingence tenta de définir le type de management à adopter dans un environnement et pour une stratégie donnés. Dès le début des années 1960, plusieurs chercheurs tels que Burns et Stalker[1], Urdy[2], Hall[3], Woodward[4], avaient déter-

1. T. Burns et G. Stalker, *The Management of Innovation*, London, Tavistock, 1961.

2. S. H. Udy, Technical and institutional factors in production organization, *American Journal of Sociology*, 67, 1961.

3. R. H. Hall, Intra-organizational structural variation, *Administrative Science Quaterly*, 7, 3, 1962.

4. J. Woodward, *Industrial Organizations. Theory and Practice*, London, Oxford, University Press, 1965.

miné le type de management adéquat pour différents environnements. C'est ainsi que Burns et Stalker expliquent comment les structures organisationnelles s'adaptent aux différents types d'environnement. Un système « mécanique » de management, caractérisé par des règles formelles et une forte centralisation de la prise de décision, semble mieux adapté à des environnements stables où l'innovation technologique est faible et le marché régulier. Un système « organique » où l'attention portée aux règles formelles est moindre et la décision relativement décentralisée semble mieux correspondre à des environnements instables. De la même manière, Woodward estime que le type de production détermine les différents niveaux hiérarchiques et l'étendue du contrôle au sein d'une organisation. Dans une production à la chaîne, on trouve un nombre important de procédures de contrôle et d'administration, ainsi qu'un système d'information formel. Dans une production par lots, en revanche, l'accent mis sur la définition précise des tâches est faible, la délégation d'autorité est grande et la direction plus « permissive ».

Ces quelques constatations rejoignent celles de Hall et de Udy. Ceux-ci suggèrent que les organisations dont les tâches sont routinières connaissent une grande division du travail, ainsi qu'un nombre important de procédures. Ils soulignent également que la nature de la technologie gouverne les méthodes formelles de récompense.

Tout en élargissant leur domaine d'investigation à l'environnement tout entier. Lawrence et Lorsch[1],

1. P. R. Lawrence et J. W. Lorsch, *Adapter les structures de l'entreprise* (1967), Paris, Les Éditions d'Organisation, 1973.

Dalton *et al.*[1] arrivent, aux mêmes conclusions, à savoir que les fonctions d'une entreprise (production, recherche, vente) étant en relation avec différentes parties de l'environnement, tendent à développer des caractéristiques reflétant leur adaptation à ce dernier. C'est ainsi que plus l'environnement est mouvant et plus la structure formelle est faible et plus long est l'horizon de planification.

Galbraith[2], reprenant les études précédentes, fait remarquer que le facteur clé est, en fait, le degré d'incertitude associé à la tâche. Plus la tâche est prévisible, c'est-à-dire plus elle est simple, et moins l'environnement a de l'importance, et plus nette est l'autorité, plus formelles sont les règles et les procédures, plus nombreux sont les niveaux hiérarchiques de l'organisation et plus haut dans la structure se prennent les décisions. De la même manière, plus grande est l'incertitude, plus complexe est la tâche, et plus importante doit être l'information pour prendre des décisions et plus grande est l'interdépendance entre les membres de l'organisation.

Dans une perspective différente et depuis l'ouvrage de Chandler[3], un certain nombre d'auteurs ont proposé qu'à une stratégie donnée devait correspondre une structure et, plus généralement, un système de management spécifique.

1. G. W. Dalton, P. R. Lawrence et J. W. Lorsch, *Organizational Structure and Design,* Homewood, Ill., Irwin, 1970.
2. J. R. Galbraith, *Designing Complex Organization,* Reading, Addison-Wesley, 1973.
3. A. D. Chandler, *Stratégies et structures de l'entreprise* (1962), Paris, Les Éditions d'Organisation, 1972.

C'est ainsi que Mintzberg[1] suggère qu'à une stratégie « agressive » du type « entrepreneur » doit correspondre un processus de décision flexible ainsi que des procédures souples. En revanche, une stratégie « planifiée » demandera une prise de décision formalisée et fera appel à des règles « technocratiques ». De la même manière, Wright[2] et Hofer[3] proposent que non seulement une stratégie spécifique, mais aussi des politiques fonctionnelles et des caractéristiques organisationnelles correspondent aux différentes étapes de la vie d'un produit. Rejoignant Griener[4] qui étudia plus particulièrement les phases d'évolution d'une entreprise, ils conseillent que dans la phase de démarrage le système de communication soit moins formel qu'il ne l'est dans la phase de déclin. Pethia et Saias[5] proposent, de leur côté, de faire correspondre à chaque centre d'activité « stratégique »[6] ayant des caractéristiques différentes, des systèmes de management

1. H. Mintzberg, Strategy making in three modes, *California Management Review,* Winter 1973.

2. R. V. Wright, *Strategy Centers* :; *A Contemporary Managing System,* Arthur D. Little, 1973.

3. C. W. Hofer, Toward a contingency theory of business strategy, *Academy of Management Journal,* 1976.

4. Griener, Evolution and revolution as organization grows, *Harvard Business Review,* July-August 1972.

5. R. F. Pethia et M. Saias, Metalevel product-portfolio analysis : An enrichment of strategic planning suggested by organization theory, *International Studies of Management and Organization,* VIII, 4, 1979.

6. On entend par centre d'activité stratégique, ou domaine d'activité stratégique, un ensemble homogène de produits ou de services que l'entreprise ou l'organisation fournit à des marchés ayant des caractéristiques similaires. Il s'agit de couples produit-marché dont le comportement stratégique (concurrentiel, technologique, commercial) présente une certaine unité.

spécifiques. Par exemple, un centre d'activité stratégique qui se trouve confronté à un environnement changeant et complexe, et qui est associé à d'autres centres d'activité stratégique, nécessitera un système de management dont le comportement facilite la résolution de problèmes et la coordination et dont la flexibilité est suffisante pour faire face au changement. Miller et Friesen[1], enfin, identifient six archétypes d'entreprises à succès et six archétypes d'entreprises à échecs. Ils remarquent que ces différents archétypes semblent constituer des *Gestalts* complexes entre variables d'environnement, d'organisation et de stratégie, et qu'une relation existe entre ces dernières.

Toutefois, ce tableau idyllique de la théorie de la contingence présente quelques ombres, et non des moindres. En effet, les recherches entreprises ne présentent pas toutes des résultats concordants. Parmi les critiques les plus importantes nous retiendrons celles de Pennings[2]. Ce dernier constate qu'à l'exception de la complexité et de la disponibilité des ressources, aucune autre variable de l'environnement ne peut être retenue comme pouvant influer sur les différences structurelles de différentes unités organisationnelles. De la même façon, il montre qu'en ce qui concerne la performance de différentes unités organisationnelles aucune conclusion ne peut être tirée des résultats obtenus à partir de la théorie de la contingence. Franko[1] affirme également que cette

1. D. Miller et P. H. Friesen, Archetypes of strategy formulation, *Management Science,* 24, 9, 1978.

2. J. M. Pennings, The relevance of structural contingency model for organizational effectiveness, *Administrative Science Quarterly,* 20, 1975.

théorie n'est pas pleinement justifiée. Pour appuyer son raisonnement, il fait remarquer qu'en Europe, une stratégie de diversification est apparue comme étant une condition nécessaire, mais non suffisante pour procéder à une modification structurelle du type « organisation par division ». Selon lui, il ne semble pas non plus que l'innovation technologique ait été une condition de réorganisation. Le seul élément déterminant fut la nature de la concurrence. Concurrence avec qui il fut, selon lui, possible de « négocier » et qui put être modifiée grâce à des politiques d'ententes et de cartels. C'est seulement lorsque l'environnement devint moins « négociable », c'est-à-dire moins prévisible, que les firmes européennes se tournèrent vers la structure par division.

D'autres critiques plus profondes et portant sur les bases épistémologiques mêmes de la théorie de la contingence ont également été formulées par des auteurs tels que Argyris[2], Child[3], Crozier et Friedberg[4]. Ces derniers remettent en cause le déterminisme et le caractère technique d'une telle approche, qui ne peut que tomber dans les égarements du réductionisme scientifique au détriment d'une appréhension de l'organisation où l'homme a sa place entière. Selon eux, la diversité de l'environnement exige une plus

1. L. G. Franko, The move toward a multidivisional structure in european organizations, *Administrative Science Quarterly,* 19, 1977.

2. C. Argyris, *The Applicability of Organizational Sociology,* Cambridge, Mass., Harvard University Press, 1972.

3. J. Child, Organizational structure, environment and performance : The role of strategic choice, *Sociology,* vol. 6, 1970.

4. M. Crozier et E. Friedberg, *L'acteur et le système,* Paris, Éditions du Seuil, 1977.

grande latitude de choix d'organisations, et ne permet pas l'application brutale et automatique des conclusions d'une théorie de la contingence mal comprise.

L'introduction de la variable « stratégie » entre le contexte et l'organisation permet toutefois de prendre en compte la dimension politique des choix structurels et de reconnaître la place importante que l'homme, preneur de décision, tient au sein de l'organisation. L'influence des relations de pouvoir, le rôle joué par les acteurs et la perception qu'ils ont de ce dernier exercent également une influence sur les orientations adoptées.

La théorie de la contingence, si mal comprise et utilisée, comme nous venons de le souligner, a des limites. Il ne faut en aucune manière concevoir les recommandations qu'on peut en tirer comme étant des recettes quasi automatiques et dénuées de dimensions politiques et humaines. Cette théorie est seulement un guide permettant de discerner les caractéristiques que le management doit avoir. Il ne s'agit ni de tomber dans le déterminisme naïf, ni de croire en un volontarisme optimiste, mais de concevoir le management comme étant à la fois conséquence et cause du contexte organisationnel. Il y a ici interaction entre contexte qui détermine et management qui met en scène le cadre dans lequel l'action va se dérouler.

Dans les chapitres qui suivent, l'accent est mis sur la diversité des solutions qui s'offrent aux responsables d'organisation. En revanche, dans la découverte de ces solutions, un critère domine : la cohérence nécessaire entre management et contexte et entre les diverses composantes (planification, organisation, activation et contrôle) du management. Ces composantes sont présentées de manière séquentielle dans un souci de clarté et de simplicité, bien que la logique qui les sous-tend soit, encore ici, circulaire. Il n'y a ni commencement, ni fin. Simplement, des composantes en interaction qui s'appuient les unes sur les autres pour faire en sorte que l'organisation puisse remplir sa mission et assurer les tâches qui sont les siennes.

Chapitre I

LA PLANIFICATION

« Agir en primitif et prévoir en stratège. »

René Char.

De tout temps, les hommes ont essayé d'imaginer leur futur. Des oracles de Delphes aux horoscopes des hebdomadaires, des midinettes aux politiciens, la prévision sous toutes ses formes et pour tous publics a été l'un des exercices préparatoires à l'action, ou à la non-action. La planification, répond à une préoccupation similaire : anticiper et préparer les actions à entreprendre dans le futur.

I. – Planification : évolution, processus, concept

La planification est l'organisation selon un plan. C'est un processus volontariste de fixation d'objectifs, suivi d'une détermination des moyens et des ressources nécessaires pour atteindre ces objectifs selon un calendrier donnant les étapes à franchir. C'est aussi un guide, que l'on pourrait appeler artifice, permettant à chaque acteur de se situer et d'orienter son action par rapport à l'objectif général.

1. **Évolution de la planification.** – La planification, depuis le milieu des années 1970, a connu une véritable remise en cause. Après une période qui recouvre les « trente glorieuses », période pendant laquelle la planification a connu un véritable âge d'or, nous assistons à une diminution progressive de son influence au bénéfice du management stratégique. Les modes de planification antérieurs très formalisés sont remis progressivement en question sans pour autant disparaître totalement. Ces derniers sont progressivement remplacés par des approches nouvelles qui se veulent plus prospectives, plus globales, mieux « informées », plus « stratégiques », plus réactives.

Pendant les périodes antérieures de forte croissance, on supposait que l'univers était « probabilisable ». L'information n'avait qu'à être correctement collectée, triée, organisée. Il restait ensuite à appliquer des méthodes d'optimisation pour trouver la solution la meilleure et à la planifier. Enfin, dans le but toutefois de vérifier si ce qui avait été prévu s'était réalisé, une procédure de contrôle devait permettre de faire un suivi et de mettre en œuvre, si nécessaire, des actions correctives. C'était le modèle mécanique parfait.

La planification à long terme faisait partie des outils les plus en vogue et semblait correctement fonctionner. L'environnement riche en ressources et pauvre en surprises désagréables en permettait une utilisation adéquate. De plus, la croissance cachait les éventuelles inadaptations et erreurs qui souvent en découlaient. Seule la relative efficacité de diverses procédures faisait l'objet de nombreuses discussions entre experts.

Toutefois, la croissance sans heurt eut ses limites. La crise pétrolière de 1973 devait modifier sensiblement la nature de la planification. Devant le manque de fiabilité des prévisions et des plans qui en découlaient, les entreprises devaient remettre en question leurs pratiques. D'une part, la planification opérationnelle allait voir sa portée radicalement réduite, son horizon passant de la période traditionnelle de cinq ans à une période plus courte de deux ou trois ans. D'autre part, la nature même de la planification changea. De la planification opérationnelle à long terme, les entreprises passèrent à la planification stratégique.

Il s'agissait là d'une démarche plus prospective, plus qualitative et plus souple. C'est ainsi que l'on commença à prendre en compte d'autres éléments de l'environnement, au-delà des seules dimensions économiques. Une seule vision du futur n'était plus souhaitable et des scénarios prospectifs allaient servir de base à l'établissement de plans qui, d'opérationnels, devenaient stratégiques. La démarche comprenait dorénavant, en sus de l'analyse de l'environnement concurrentiel, l'analyse de l'environnement social, politique et technologique.

L'entreprise n'était plus immuable. Il y avait de la volonté et de l'opportunisme dans cette démarche qui se voulait différente, dans l'esprit tout au moins, de la planification opérationnelle passée. Les entreprises disposaient, ainsi, d'une planification stratégique qui s'était substituée à la planification opérationnelle, des scénarios alternatifs, qui commençaient à se diffuser et des systèmes de surveillance de l'environnement afin d'éviter de mauvaises surprises.

Les années 1990 sont la continuation de la période précédente. L'incertitude est à tous les niveaux : commercial, technologique, monétaire. Nous sommes dans un environnement où l'entreprise s'avance sans repère valable. On ne change pas véritablement la démarche de planification, on l'ajuste. Du plan stratégique on passe au management stratégique dont l'ambition est de prendre en compte l'organisation et les processus qui la sous-tendent. Il ne s'agit plus de s'attacher seulement à l'articulation des actions et des engagements de ressources dans le temps. L'entreprise, ne pouvant plus s'appuyer sur une prévision dont la fiabilité a été remise fortement en question, doit être, dorénavant, plus réactive et adaptative.

Ce management stratégique se veut plus global, réactif, décentralisé. De concepteur du plan, les « planificateurs » passent à un rôle de pédagogue, de conseiller, d'animateur de la réflexion. Débarrassés d'un appareillage technocratique encombrant, ils remplissent désormais un rôle de conseil, d'aiguillon et de guide des initiatives des opérationnels plus que celui de chef d'orchestre. Les choix stratégiques ne sont plus imposés par la direction. Ces derniers sont négociés au sein d'un cadre que la direction a établi.

Bien qu'en état de disgrâce relative, la planification, qui a perdu de son lustre, est désormais articulée en deux phases principales : stratégique, d'une part, opérationnelle, d'autre part. Dans sa phase stratégique, elle est utilisée comme un processus de réflexion et non plus comme un guide formel à suivre pas à pas. Dans sa phase opérationnelle, la planification vise le court terme, c'est-à-dire les deux ou trois années à venir. Elle se présente, généralement, sous la forme d'objectifs concrets accompagnés de plans d'action et de budgets simplifiés.

Stratégique ou opérationnelle, la planification s'appuie moins que par le passé sur des outils et méthodes formels. Elle veut également impliquer ceux-là mêmes qui sont responsables de sa mise en œuvre et ce en commençant par le sommet hiérarchique, à savoir la direction générale, pour aller jusqu'aux responsables opérationnels. Quels que soient les processus employés, les démarches de planification actuelles visent néanmoins à développer un sens commun, une représentation partagée quant à ce qu'il faut faire face à un environnement dont l'évolution est moins prévisible.

2. **Les étapes préparatoires à la planification.** – La planification est toujours le résultat d'un diagnostic. Le diagnostic permet de faire le point sur une situation à laquelle on est confronté. Pour ce faire, un état actuel va être comparé à ce que l'on souhaiterait voir se réaliser afin d'en faire ressortir un écart : l'écart de planification. Par exemple, si le chiffre d'affaires prévisionnel à cinq ans est de neuf cent millions de francs et que le chiffre d'affaires souhaités est d'un milliard, l'écart à combler par diverses actions est de cent millions de francs. Le diagnostic a pour but de faire apparaître les différentes causes de cet écart. Il permet aussi d'identifier les moyens à mettre en œuvre pour le combler. Au-delà de son aspect apparemment artificiel, cette démarche, qui fait une hypothèse forte de certitude et de complétude de l'information, donne néanmoins une base satisfaisante de départ.

La recherche des voies permettant de réduire l'écart entre un futur souhaitable et sa prévision s'effectue de différentes manières. La première consiste à s'inspirer des meilleures pratiques en cours chez les concurrents ou chez les entreprises d'autres industries. Toutefois, le risque d'une telle démarche repose dans la difficulté, voire l'impossibilité, de transfert des pratiques d'un contexte à un autre. La deuxième réside dans l'expérience passée. Là encore, le danger se trouve dans la difficulté d'appliquer à des situations différentes les « recettes » à succès d'un passé révolu. Les circonstances, malheureusement, ne sont jamais similaires et les solutions difficilement transposables. Une troisième voie peut s'avérer nécessaire : la recherche de réponses qui rompent avec le passé. Il s'agit ici de trouver des solutions créatives, généralement stimulées par une atmosphère de confiance, libérée de préjugés et de barrières hiérarchiques, où le droit à l'erreur est accepté au même titre que la diversité des opinions et des origines.

Une fois les voies identifiées, il faut les évaluer ; l'évaluation devant mener à un choix. Parfois, des solutions dominent et le choix est simple. Parfois, en revanche, des cheminements équivalents sont en concurrence et doivent être soumis à un examen plus attentif. Il s'agit ainsi d'évaluer les conséquences associées à la mise en œuvre de chaque solution et d'en identifier les effets annexes.

Enfin, vient la décision qui va trancher entre les différentes possibilités qui sont offertes pour réduire l'écart de planification mentionné précédemment. Pour ce faire, des méthodes formalisées sont généralement mobilisées pour mener à des choix rationnels.

Choix qui pourront être infléchis par le jeu politique des acteurs ou par les règles et les procédures, comptables ou bureaucratiques, en vigueur.

Le choix effectué, ses conséquences sont évaluées. C'est ainsi qu'une analyse de la mise en œuvre du plan est réalisée. Les difficultés éventuelles qui pourraient être rencontrées sont identifiées. Si les conséquences du choix n'apparaissent plus comme celles souhaitées, ou si les difficultés de mise en œuvre sont trop importantes, une remise en cause des hypothèses sous-jacentes est faite, suivie d'un changement d'orientation.

La décision étant finalement prise, il faut à présent passer au détail du plan, c'est-à-dire la définition des différentes étapes permettant d'atteindre l'objectif, la détermination des moyens nécessaires à leur réalisation et l'évaluation du temps nécessaire. Ce dernier ensemble de tâches fait l'objet de ce que l'on a coutume d'appeler « planification ».

3. **Notion de plan et de planification.** – La planification peut se définir comme étant une démarche permettant d'aboutir à un ensemble de plans liés les uns aux autres ; plans dont les caractéristiques diffèrent :

- en durée : du plan à court terme aux plans à moyen et long terme ;
- en domaine : du plan de ressources humaines au plan de production ;
- en nature : de la règle administrative au projet d'entreprise ;
- en niveau : du plan de département au plan d'entreprise ;
- en caractéristique : du plan indicatif au plan très formalisé.

Steiner[1] en propose une définition toujours d'actualité. Pour lui, la planification est « un processus (à ne pas confondre avec le plan qui est un engagement formel pour la mise en œuvre d'actions spécifiques) qui commence par la formulation des objectifs et la définition de stratégies, politiques, plans détaillés pour atteindre ces derniers ; qui permet l'élaboration et la mise en œuvre des décisions ; et qui comprend un nouveau cycle d'élaboration et de définition de stratégies, mises en œuvre en fonction de la performance réalisée ». Bien que déjà ancienne, cette définition résume bien la nature et l'ambition de la planification. Cette dernière comprend une notion d'événements futurs, de continuité, d'enchaînement d'actions en vue d'obtenir un résultat désiré. Elle est également une réflexion sur le devenir de l'organisation, une interrogation sur ce que le responsable désire faire et sur comment il veut le faire.

4. **Processus de planification.** – Le processus de planification, se décompose généralement en trois grandes étapes : la formulation du plan stratégique ; l'établissement des plans opérationnels ; la détermination du budget. Le plan stratégique donne les grandes orientations de l'entreprise sous forme d'objectifs généraux, de sens des efforts ou de réorientations de ces derniers, d'allocation de ressources et de politiques. Le plan stratégique est généralement établi par la direction avec ou sans la participation des opérationnels. Le plan opérationnel définit plus précisément comment

1. G. A. Steiner, *Top Management Planning,* New York, Macmillan Co., 1969.

les actions qui s'inscrivent dans le cadre fixé par le plan stratégique vont être articulées. Ce dernier aura un horizon plus court de trois ans en moyenne, sera plus détaillé et sera l'œuvre des opérationnels, c'est-à-dire de ceux et celles qui sont proches du terrain. Enfin, les budgets traduiront en termes quantitatifs et financiers à un horizon court, de six mois à un an, les engagements pris dans les étapes précédentes de la planification. C'est ainsi, qu'une stratégie fondée sur le renouvellement du portefeuille de produits de l'entreprise par l'innovation se verra traduite dans les plans opérationnels par des actions à entreprendre, des noms de responsables, des résultats attendus. Le budget contiendra le coût de l'opération (recherche, production, commercialisation), le chiffre d'affaires visé.

À chaque étape du processus de planification, cependant, une vérification sera faite pour évaluer si les ressources sont bien adaptées aux objectifs poursuivis ou si les actions envisagées sont en adéquation avec la situation. Cette vérification est indissociable du processus itératif de planification dans lequel un ajustement constant se fait entre moyens et fins, entre tentatives et échecs. Le plan, en tant que produit de la planification, n'est pas un bloc monolithique et intouchable. Le plan dans cette perspective est un guide qui s'adapte en fonction des changements qui prennent place dans le contexte dans lequel il a été construit.

II. – Plan stratégique. Plan opérationnel. Budget

La planification donne un schéma de référence auquel chaque membre de l'organisation peut avoir recours, et à partir duquel il se doit d'exercer, de façon coordonnée, son action. Du guide général, qu'est la plan stratégique, découlent des plans opérationnels à moyen et court terme qui décrivent de manière précise la manière selon laquelle les objectifs peuvent être atteints. Le budget termine le processus de planification en traduisant en termes financiers les différentes composantes des plans.

1. **Plan stratégique.** – Le plan stratégique découle directement de la stratégie. Il va traduire cette dernière dans le temps. La stratégie quant à elle s'établit à partir d'un diagnostic sur l'existant, à savoir les ressources de l'organisation et les enjeux présents dans l'environnement. Son but est de créer du sens en mettant l'accent sur ce qui peut être à l'origine de l'avantage concurrentiel de l'organisation afin que chacun puisse y trouver un guide pour l'action. Il peut par exemple, mettre l'accent sur le déploiement des ressources, financières, humaines, technologiques de l'entreprise. Il peut également, indiquer comment les activités de l'organisation doivent être réaménagées. Il peut, enfin, donner la manière adoptée pour arriver aux fins : la qualité, l'innovation, etc.

Il n'existe pas de plan stratégique pré-défini. Il peut tenir sur une page, comme être présenté suite à un diagnostic long et détaillé. Il peut faire seulement l'objet de grands objectifs ou bien encore d'un ensemble de valeurs à partager. Il peut encore donner pour l'ensemble des domaines touchés par l'entreprise, mais seulement de façon générale, ce qu'il serait bon de faire. Il peut enfin indiquer comment les ressources seront allouées dans le futur et à quel rythme, les modes de développement adoptés, l'articulation dans le temps des efforts et des priorités. En revanche, sa finalité demeure la même : donner une orientation claire et cohérente à laquelle chacun peut se rattacher.

2. **Plans opérationnels à moyen et court terme.** – Le plan stratégique ayant donné les grandes lignes directrices, ainsi que leur articulation en moyens et en durée, il s'agit, avant de passer à l'action quotidienne d'établir les objectifs opérationnels afin que chaque membre de l'organisation puisse savoir ce qui doit être fait et ce que l'on attend de lui.

La première tâche, dans l'élaboration des plans opérationnels consiste à déterminer les étapes nécessaires pour réaliser les objectifs et à évaluer le temps associé à chacune d'elles. Que faire en premier lieu ? Un accroissement de l'effort de vente, un renforcement de la recherche, un renouvellement de l'outil de production ! De quels moyens a-t-on besoin et comment se les procurer ? Vendeurs, chercheurs, outil de production, argent ! Quand doit-on agir ? Attendre d'avoir de nouveaux produits avant d'accroître l'effort de vente, ou bien l'inverse ! Connaissant les étapes et leur durée prévisionnelle, ces dernières sont articulées les unes par rapport aux autres pour établir le plan opérationnel. Le plan opérationnel est le lien entre le guide général, le plan stratégique, et les opérations courantes. C'est ainsi que des actions, pensées et préparées dans le domaine de la production, de la vente ou bien encore de la finance, vont être traduites opérationnellement et contribuer à la mise en œuvre de la stratégie.

À partir de l'objectif général, une division en sous objectifs est généralement faite. C'est une hiérarchie d'objectifs, dans laquelle les objectifs élémentaires contribuent à l'objectif supérieur. Afin d'en faciliter leur réalisation, des politiques, des règles et des procédures sont établies. Elles sont le garant d'une action cohérente au cours du temps dans la mesure où elles assurent une permanence dans les modalités d'action.

Les politiques sont des guides, des frontières placées autour de ce qui peut être fait et décidé. Par exemple, la politique de recrutement du personnel peut être de n'engager que des diplômés de l'enseignement supérieur ayant entre trois et cinq ans d'expérience professionnelle. Une politique est un plan permanent. Elle ne doit cependant pas être assimilée aux procédures qui sont une série d'opérations exprimées par ordre chronologique dans le but de réaliser une certaine tâche. Politiques, règles, procédures couvrent tous les domaines de la gestion : de la recherche à la finance en passant par la production et les ressources humaines. Elles sont révisées régulièrement afin de prendre en compte l'évolution du contexte dans lesquelles elles sont appliquées. Révisions d'autant plus nécessaires que ces plans « permanents » peuvent mener à un blocage de l'organisation.

À côté de ces plans, qui assurent une certaine continuité, existent des plans à moyen et court terme dont l'usage est en principe unique et qui ont été élaborés dans un but précis. Ce sont les programmes d'actions. Dans bien des circonstances, une action différente de celle mise en œuvre de façon coutumière est nécessaire. Ainsi, le lancement d'un nouveau produit ou la création d'un nouveau service demandent l'adoption d'une série d'actions *ad hoc*. Pour ce faire, les actions sont décomposées en phases intermédiaires avec une description de leur objet, de leur nature, de leur objectif ; ensuite, un responsable leur est associé ; puis, les ressources et les moyens mobilisés sont indiqués ; enfin, l'estimation du temps requis pour la réalisation de chaque phase, les dates de début et de fin sont données. L'établissement des programmes d'actions est aussi un processus itératif entre les moyens nécessaires et ceux qui sont disponibles, entre l'idéal et les contraintes en temps et en ressources.

Un programme d'action, établi dans un contexte donné et pour une finalité précise est plus que tout autre soumis aux aléas de l'environnement. Afin de pallier cet inconvénient, la formulation de programmes de contingence peut être nécessaire afin de faire face à diverses situations. Pour ce faire, il est souhaitable, dans la mesure du possible, d'établir parallèlement au programme « central » des programmes de rechange dans le cas où les hypothèses sur lesquelles se fondent ce dernier ne se trouvent pas satisfaites. Ces programmes de rechange s'appuient généralement sur des scénarios qui tout en étant réalistes sont moins probables. Un suivi du bien fondé des hypothèses permet ainsi de faire appel, si c'est nécessaire, aux programmes de contingence lorsqu'ils deviennent mieux adaptés.

Au-delà du coût et de la lourdeur relative d'une telle démarche, elle est néanmoins la seule qui permette une bonne réactivité de l'organisation face à des futurs non encore dévoilés. Même dans le cas où le nouveau contexte ne correspond pas à l'un des scénarios envisagés, l'effort amont de réflexion pour la construction de ces scénarios permet le développement de cartes mentales facilitant le décodage et l'interprétation de signaux provenant du nouvel environnement. Cet effort est une sorte de gymnastique mentale auquel les acteurs, en y participant, se préparent pour affronter d'autres situations. Une dernière étape demeure : la traduction des plans en termes financiers. C'est l'objet de la phase d'élaboration du budget.

3. **Le budget.** – Le budget, mot anglo-saxon repris dans la langue française, viendrait du français « bougette » qui signifie « sac de cuir ». Au siècle dernier, le chancelier de l'Échiquier, ministre des Finances britannique, avait pour habitude de présenter les prévisions fiscales de l'année à venir devant la Chambre des Communes après avoir tiré de sa serviette (bougette) un document où était consigné l'ensemble des besoins financiers[1]. Le mot « budget » est resté depuis lors associé au document contenu dans la « bougette ». De nombreuses définitions du budget sont actuellement utilisées. Nous allons en proposer une qui a l'avantage de se situer dans la logique du processus de planification que nous avons présenté jusqu'ici. Le budget est la traduction, en termes monétaires, des objectifs, des politiques et des programmes d'action élaborés dans le cadre d'un plan couvrant toutes les phases d'opérations et limités dans le temps. Le budget va, ainsi, couvrir l'ensemble des activités de l'entreprise. Il peut comprendre non seulement des prévisions de coûts et de revenus, mais aussi des informations sur les rela-

1. Cette anecdote est mentionnée dans l'ouvrage de G. A. Steiner, *op. cit.*

tions entre coûts, volume, prix et profit, ainsi que des indications sur son évolution en fonction de données différentes sur l'environnement.

Le budget présente à la fois certains avantages et certains inconvénients. Parmi les avantages, le budget, en tant que produit de la dernière phase du processus de planification, oblige le responsable à formuler, en termes concrets, les objectifs et les moyens nécessaires mentionnés dans le plan. Le budget, mettant en évidence, sur le plan financier, l'articulation qui doit exister entre chaque action, est un élément de coordination. Enfin, c'est un outil utile pour le contrôle des performances, signalant les difficultés éventuelles qui peuvent se développer. Parmi les inconvénients, il y a la rigidité. D'une façon générale, l'existence de plans tend à réduire la souplesse de l'organisation. Le budget, qui est par définition quantifié, tend, plus que tout autre, à introduire un élément d'inflexibilité. Plusieurs mesures, toutefois, permettent d'assouplir cette contrainte. Premièrement, les budgets additionnels peuvent être prévus. Il s'agit de la fameuse « rallonge budgétaire ». Deuxièmement, des budget de « contingence », fondés sur différentes hypothèses d'évolution de l'environnement, peuvent être préparés. Troisièmement, l'interprétation des budgets peut prendre en compte les nouveaux événements qui ont pu se produire. Enfin, l'élaboration de budgets variables permet de donner, en fonction de différents facteurs tels que le chiffre d'affaires, l'ensemble des données chiffrées réactualisées. Le second inconvénient majeur est la trop grande attention que le budget suscite du fait de son caractère quantifié. Il faut rappeler que le budget n'est en aucune manière le seul guide de décision. Ce dernier doit être enrichi d'éléments qualitatifs qui donnent des compléments d'information d'importance équivalente. Enfin, trop souvent, la tentation est grande d'extrapoler le budget d'une année sur l'autre. Il est nécessaire de rappeler, à cet égard, qu'un tel penchant, bien naturel, est mauvais. En effet, un budget extrapolé est tourné vers le passé, contrairement à ce que tout plan doit être, c'est-à-dire orienté vers l'avenir.

III. – Organisation de la planification

La mise en œuvre d'un processus de planification nécessite le support d'une infrastructure organisationnelle, ainsi que la définition des rôles de chacun dans l'élaboration des plans. Un préalable, toutefois, consiste à s'assurer de l'engagement formel et actif du dirigeant tendant à favoriser la mobilisation de l'ensemble de l'organisation pour la mise en œuvre de ce processus. Cependant, l'engagement du dirigeant varie selon le type d'entreprise. Ainsi, dans les entreprises de petite taille, le dirigeant s'occupe aussi bien de l'élaboration que du suivi du plan. Au fur et à mesure de la croissance de l'entreprise, l'appréhension par un seul individu de l'ensemble du processus devient insurmontable. Pour faire face à de telles difficultés, le recours à la division des tâches, à la délégation, à des unités de support (services fonctionnels) ou de coordination (comités) devient obligatoire. De l'entrepreneur solitaire, centralisant l'ensemble de l'information et prenant toutes les décisions, le dirigeant doit se transformer en un véritable coordinateur orienté vers le long terme, et déléguant à ses collaborateurs l'ensemble des détails opérationnels. Avec la complexité croissante de l'organisation, le dirigeant doit consacrer une part de plus en plus importante à la planification.

Sauf dans le cas de petites et moyennes entreprises peu diversifiées, le dirigeant seul ne peut mener à bien l'intégralité d'une planification. Le choix d'un collaborateur, pour l'aider dans cette tâche, est déterminant. Seule la candidature d'une femme ou d'un homme respectés, en qui l'ensemble des membres de l'organisation a confiance, et qui donne à la fonction qu'il va assumer l'image de sérieux et d'importance qu'elle mérite, doit être retenue.

De nombreuses ambiguïtés entre le rôle du dirigeant et le rôle du responsable de la planification, et éventuellement celui de ses services, demeurent. Le responsable de la planification et ses services n'ont pas pour vocation d'élaborer les plans, mais d'aider à les préparer et à faire les études nécessaires à leur formulation afin de faciliter la tâche des responsables opérationnels. Un juste milieu, entre trop d'aide et pas assez, doit être trouvé. Trop d'aide peut entraîner une dépendance exagérée du dirigeant envers ce service. Pas assez d'aide, ou une aide insuffisamment prise en compte, peut mener à un découragement du service de planification. Afin de trouver ce juste milieu, plusieurs règles sont généralement adoptées.

Premièrement, selon l'importance de la phase du plan, le service de planification assume un rôle différent. Par exemple, en amont du plan, la définition des objectifs et de la stratégie est la chasse gardée du dirigeant ou de l'équipe dirigeante. En revanche, l'élaboration des règles et des procédures peut être effectuée par le service spécialisé. Deuxièmement, en fonction de l'expérience en matière de formulation de plans, l'implication du service de planification est plus ou moins importante. Ainsi, lors de la première mise en route d'un processus de planification au sein d'une entreprise, le dirigeant doit consacrer plus de temps et d'effort à cette tâche que ne le fait celui d'une entreprise ayant plus d'expérience en ce domaine, et où le service de planification a une action plus étendue. Enfin, selon son style de direction, le dirigeant a tendance soit à se fier davantage à ses services fonctionnels, soit, au contraire, à leur donner des directives précises et contraignantes et à les limiter dans un rôle plus restreint.

Une fois les plans établis, qui va les évaluer ? Est-ce le responsable du service de planification, le dirigeant ou l'opérationnel qui les met en œuvre ? La réponse est simple. Celui qui évalue est celui qui à la fois peut mettre en œuvre une action corrective rapide, afin de faire face à la situation, et qui exerce un pouvoir hiérarchique sur l'évalué. Il n'est pas non plus souhaitable que le planificateur soit aussi l'évaluateur, dans la mesure où une dualité des fonctions pourrait porter préjudice à l'impartialité de la tâche de planification. Le dirigeant doit également veiller à ce que les décisions soient prises conformément au plan, sans toutefois imposer un véritable carcan. L'influence d'éléments conjoncturels doit être prise en considération lors de l'évaluation et, ainsi, permettre au dirigeant d'assumer, dans la prise de décision, ses responsabilités véritables, mettant le plan à sa place réelle de guide d'action.

Différentes formes d'organisation de la planification existent (voir fig. 1). Comme nous l'avons déjà mentionné, ces formes diffèrent selon le style de direction. Selon le style adopté, l'élaboration des plans sera faite de manière plus ou moins centralisée. La structure exerce un même type d'influence. Ainsi, une entreprise de structure décentralisée connaîtra un processus de planification très déconcentré. La conjoncture influe, également, sur la planification et, par conséquent, sur son organisation. Dans un environnement incertain, la planification sera moins précise et fondée sur plusieurs scénarios ; dans un environnement stable, en revanche, un plan unique et détaillé sera de rigueur. Parmi les autres éléments qui influencent la planification se trouvent la taille, le degré de maturité, la diversité des activités de l'entreprise.

La prise en compte de tous ces facteurs requiert, comme nous l'avons précédemment signalé, la présence d'individus particulièrement qualifiés et souvent difficiles à trouver. Selon Warren[1], le responsable de la planification doit être un homme ou une femme qui soit à la fois « un philosophe et un réaliste, un théoricien et un politicien pragmatique, un devin et un vendeur », et qu'il soit aussi capable de « marcher sur l'eau ». Ce dilemme est d'autant plus difficile à résoudre qu'il est impossible de donner un profil type de cet individu ou du service qu'il représente. En effet, les services de planification peuvent se réduire, parfois, à un seul individu qui assume ce rôle en plus d'autres activités, ou comprendre jusqu'à 200 personnes et même plus.

1. K. E. Warren, *Long Range Planning : The Executive Viewpoint,* Englewood Cliff, NJ, Prentice Hall, Inc., 1966.

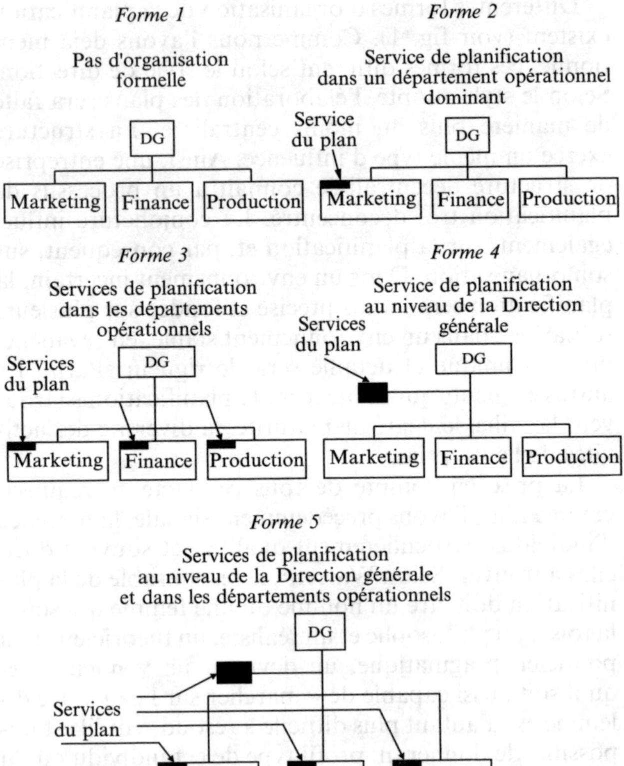

Fig. 1. — Les cinq formes d'organisation de la planification.

1. D'après Y. Enrègle et R.-A. Thiétart, *Précis de direction et de gestion,* Paris : Les Éditions d'Organisation, 1984.

La planification ne peut ni tout résoudre ni être un gage de succès. Toutefois elle permet d'imaginer et de représenter l'évolution de l'entreprise, facilitant l'identification des risques auxquels elle peut être confrontée, ainsi que les opportunités qui se présentent à elle. C'est aussi un cadre général de réflexion, un guide de décision permettant à chaque membre de l'entreprise d'effectuer ses choix par rapport à un tout cohérent. Ce cadre général, également, fixe les normes d'un langage commun, empêchant les risques de distorsion de l'information, et rendant plus aisée la mise en œuvre des décisions. Il ne faut, cependant, pas minorer les limites de la planification. Parmi elles se trouvent la fiabilité parfois douteuse des prévisions, la longueur du processus et la difficulté de sa mise en œuvre, son coût de préparation et de fonctionnement, la résistance des hommes à son introduction. Mais ces difficultés, qui sont les limites inhérentes à tous processus de gestion, ne doivent pas faire oublier les avantages substantiels que la planification apporte au management moderne des organisations en tant que source de réflexion et d'action.

Chapitre II

L'ORGANISATION

« C'est le jour des révolutions que les choses rentrent dans l'ordre. »

Monterlant.

L'organisation est, sans nul doute, la partie la plus visible du management. Chacun d'entre nous a déjà été confronté à, ou a entendu parler de services et de départements. Ces termes : service et département recouvrent des réalités organisationnelles qui servent à aider, à coordonner, à suivre les hommes dans leur travail. Ainsi, nous trouverons dans un hôpital : un service de chirurgie et dans une entreprise : un département de marketing. L'organisation, sur le plan formel permet de définir les tâches à accomplir, de les regrouper, d'établir les liens d'autorité, de coopération et d'information qui unissent les hommes entre eux, de créer les unités de soutien qui permettent aux responsables de disposer d'expertises complémentaires.

L'organisation peut également être présentée comme étant le fruit d'un processus dynamique, remis périodiquement en question, comme Greiner[1] l'a suggéré (voir fig. 2).

1. L. Greiner, dans son article Evolution and revolution as organizations grow, *Harvard Business Review,* July-August 1972, propose un modèle d'évolution organisationnelle.

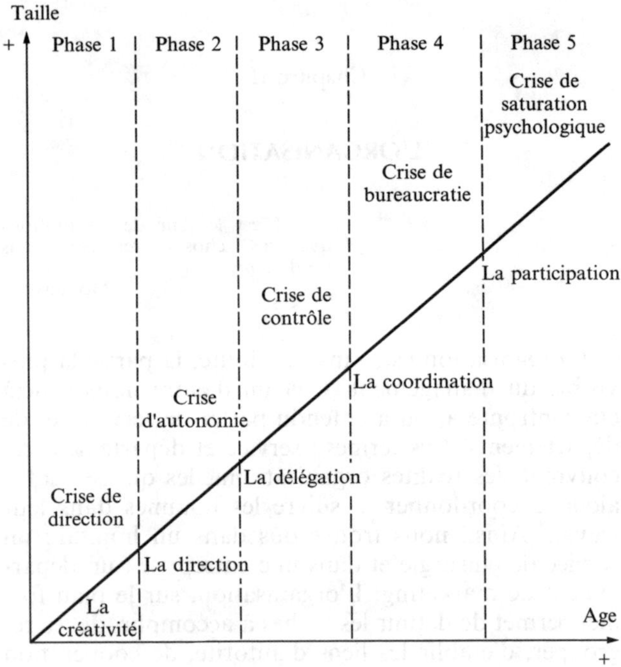

Fig. 2. — Le développement d'une organisation.

À la création d'une organisation se trouve, généralement, un homme seul qui fait tout, décide tout, contrôle tout et qui réagit en fonction des événements quotidiens. Dépassé par la multiplication des activités et ne pouvant plus les suivre, cet homme va être confronté à une première crise intitulée « crise de direction ». Cette crise peut être mortelle pour l'organisation. Afin d'y faire face, une réaction possible est de formaliser l'organisation en instaurant une structure précise, et en affectant à chacun des tâches spécifique. Cette formalisation va, à nouveau, avec le temps, mener à une nouvelle crise : la crise d'autonomie, qui ne pourra être résolue que grâce à la délégation, par le dirigeant, d'une partie de ses tâches. Cette délégation, au fur et à mesure de son extension et compte tenu de la complexité croissante de l'organisation, mène à plus de confusions et à une dilution de l'autorité. Afin d'y remédier, une nouvelle réaction pourra être de rechercher une meilleure coordination, de mettre en place un certain nombre de procédures formelles et de développer des services spécialisés, afin d'élargir et de renforcer les compétences des responsables. Ces procédures, avec le temps, auront tendance à se transformer en routines, sans rapport direct avec leur premier objet de coordination. Nous nous dirigeons ainsi vers une nouvelle crise, dite de la bureaucratie. En réaction à cette crise, la participation des hommes à la prise de décision va se développer dans le cadre de groupes interdisciplinaires aidés de leurs propres services fonctionnels, et liés entre eux par des procédures formelles allégées. Mais là encore, une nouvelle crise attend.

L'organisation peut aussi être représentée par un système ouvert en constante interaction avec son environnement, d'une manière générale, comme D. Katz et R. L. Kahn, Lesourne, Crozier et Friedberg[1] l'ont

1. D. Katz et R. L. Kahn, *The Social Psychology of Organizations,* New York, Wiley & Sons, 1967 ; J. Lesourne, *Les systèmes du destin,* Paris, Dalloz, 1976 ; M. Crozier et E. Friedberg, *L'acteur et le système,* Paris, Le Seuil, 1977, suggèrent que l'organisation

bien montré et, plus précisément, avec la dimension technologique, comme Trist[1] et le Tavistock Institute l'ont proposé de façon plus restrictive dans le cadre de l'approche socio-technique. Selon cette approche, il est suggéré d'adopter une structure fortement hiérarchisée pour des technologies stables et une structure souple et flexible pour des technologies connaissant une évolution rapide. Toutefois, comme nous l'avions évoqué dans le chapitre d'introduction, ce type d'approche trop restrictive et mécaniste nécessite d'être enrichi par la prise en compte du jeu des acteurs, dans le cadre de leurs choix stratégiques et de l'environnement pris dans sa globalité.

Dans ce chapitre, nous ne nous référons pas, de façon explicite, aux notions d'évolution de l'organisation ainsi qu'aux différentes formes prises par cette dernière, nous ne reviendrons pas sur la constante interaction entre l'organisation et son environnement dans l'effort de structuration. En revanche nous traiterons de l'ensemble des thèmes relatifs à l'organisation, et que nous appréhenderons successivement à des fins de simplicité, à savoir : les formes d'organisation, la division du travail, la délégation et la décentralisation, la coordination, les départements et les services, les fonctionnels et les opérationnels.

peut se définir comme étant un système ouvert à tous les éléments sont interdépendants et agissent les uns sur les autres. L'environnement influe sur l'organisation qui, à son tour, influence ce dernier.

1. E. L. Trist, On socio-technical systems, *in* W. G. Bennis *et al.* (eds), *The Planning of Change,* New York, Holt, Rinehart & Winston, 1969.

I. – Les différentes formes d'organisation

Selon la nature des tâches à accomplir, le degré de souplesse désirable, l'orientation de l'organisation (vers le produit, le marché ou les opérations) différentes formes structurelles vont être trouvées. Le processus de formalisation structurelle possède un dénominateur commun : la division du travail.

1. **La division du travail.** – Selon Adam Smith[1], « les plus grandes améliorations dans la puissance productive du travail... sont dues, à ce qu'il semble, à la division du travail ». La division du travail, en effet, par la spécialisation des tâches, tend à accroître l'expertise de celui qui les exécute. Elle permet également une meilleure coordination. Enfin, elle facilite le recours au machinisme. Il cite à son appui plusieurs exemples dont le cas célèbre de la fabrication d'épingles. Il décrit comment la fabrication était décomposée en une série d'étapes intermédiaires affectées à des travailleurs différents. Il affirme que grâce à la division des tâches entre chaque travailleur, la production pouvait atteindre 4 800 unités par jour, alors qu'une vingtaine d'épingles seulement auraient pu, au maximum, être fabriquées si les ouvriers pris isolément avaient assumé la totalité du processus de fabrication.

L'accroissement de la productivité pouvait être expliquée de trois façons différentes. Premièrement, chaque ouvrier était très spécialisé, ce qui tendait à accroître son habileté et son savoir-faire. Deuxième-

1. Adam Smith, *The Wealth of Nations* (1776), trad. franç., *Recherches sur la nature et les causes de la richesse des Nations,* Paris, Gallimard, 1976.

ment, un outil adapté à chaque phase de la fabrication pouvait être utilisé. Enfin, une économie de temps appréciable était réalisée, l'ouvrier ne passant pas d'une tâche à l'autre. L'accroissement de la productivité n'est toutefois pas la seule justification donnée à la division du travail. D'autres raisons existent. Ces raisons sont essentiellement inhérentes à la nature humaine, à savoir : l'impossibilité physique de tout faire et l'incapacité intellectuelle de tout connaître.

L'expérience et l'observation des faits tendent à fournir des indications contradictoires quant au bien-fondé des avantages et des inconvénients de la division du travail. Proudhon, déjà, faisait remarquer que la division du travail a pour principal effet de détruire le travail lui-même. Plus récemment, Gorz[1] souligne qu'aucune des méthodes d'organisation adoptées par le capitalisme, dont la division du travail, « n'est nécessaire à une production efficace ». Des exemples concrets tendent également à montrer que la satisfaction des travailleurs et leur motivation augmentent en fonction de l'élargissement de la tâche, c'est-à-dire, inversement à la division de cette dernière[2]. L'un des cas les plus célèbres a longtemps été celui des usines Volvo en Suède où les voitures n'étaient pas fabriquées à la chaîne, mais à l'unité par des groupes d'ouvriers. D'autres exemples, ce-

1. A. Gorz, Préface, *in Critique de la division du travail,* Paris, Le Seuil, 1973.

2. Une distinction existe entre élargissement et enrichissement. L'enrichissement de la tâche consiste à associer à une tâche de base des activités annexes telles que la planification ou l'organisation du travail et son contrôle. L'élargissement de la tâche consiste à confier au même travailleur une série d'opérations autrefois, réalisées séparément par plusieurs personnes.

pendant, tendent à infirmer l'ensemble de ces craintes et observations. M. D. Kilbridge a montré, dans deux études successives, que les travailleurs ne préféraient pas effectuer des tâches diversifiées[1], et que la variété des opérations n'entraînait pas forcément une satisfaction plus grande[2]. Ainsi, compte tenu de la constance des observations, la seule hypothèse raisonnable que l'on puisse formuler est qu'un travail peu routinier est généralement de meilleure qualité que le même travail fragmenté.

Au-delà du débat pour ou contre la division du travail, force est de constater qu'elle existe et que rien, pour l'instant tout au moins, et mis à part les balbutiements de l'enrichissement des tâches, n'est prêt à la remplacer. Mais qui dit division du travail dit nécessité de définir les tâches de chacun et de les regrouper sous une même personne ou au sein d'entités organisationnelles telles que services et départements.

Pour ce faire, trois règles sont généralement retenues. La première concerne la recherche de la meilleure coordination possible. Nous trouvons ensuite la tolérance des individus à l'étroitesse de la tâche. La satisfaction ressentie par un travailleur peut être dans certaines circonstances capitale. Aussi est-il nécessaire de prendre en compte l'influence éventuelle que la va-

1. Cette étude est relatée dans Do workers prefer larger jobs ?, *Personnel,* 37, 1960.

2. Dans Turnover, Absence, and transfer rates as indications of employee dissatisfaction with repetitive work, *Industrial and Labor Relations Review,* 15, 1961, Kilbridge montre qu'aucune relation constante de cause à effet n'existe entre la satisfaction (mesurée à partir d'un certain nombre de criètres tels que l'absentèisme et les démissions) et le degré de répétitivité de la tâche.

riété et l'étendue du travail peuvent exercer sur le moral des personnes. Certaines sont stimulées par une grande diversité du travail, d'autres y sont indifférentes. Enfin, le développement de la spécialisation doit être recherché. Chacun peut, en se spécialisant, acquérir une plus grande compétence et, ainsi, mieux maîtriser l'accomplissement de la tâche qui lui est affectée. En tout état de cause, il est nécessaire de trouver une bonne adéquation entre ce que recherche l'organisation, en termes d'efficacité, et ce que l'individu souhaite ou est prêt à supporter. À cette fin, et au-delà des nombreuses variantes qui peuvent exister, trois formes principales d'organisation ont été, jusqu'à ce jour, proposées.

2. **Les trois formes d'organisation.** – Les formes d'organisation sont nombreuses. On trouve, par exemple, l'organisation par produit (ex. : division machines-outils, division véhicules industriels, division matériel agricole) ; l'organisation par fonction (ex. : département finance, département production, département R & D) ; l'organisation par clientèle (ex. : département grand public, département collectivités locales, département industrie) ; l'organisation géographique (ex. : division internationale, division France, division pays francophones) ; l'organisation par processus de production (ex. : département de fonderie, département des presses, département de montage) ; l'organisation temporelle (ex. : équipe de jour, équipe de nuit). Ces différentes formes d'organisation se regroupent toutefois en trois grandes catégories : l'organisation par fonction (au sens large), l'organisation par opération et l'organisation matricielle.

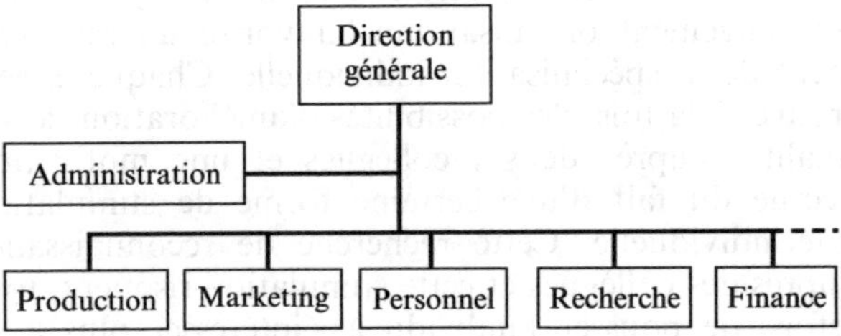

a) *Une entreprise*

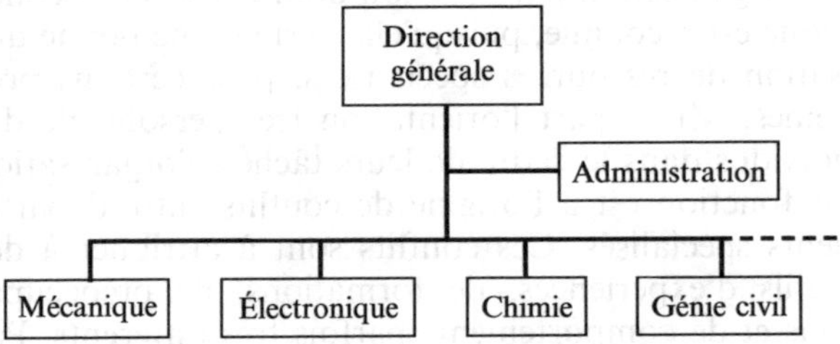

b) *Une école d'ingénieurs*

Fig. 3. — Organisation par fonction.

L'organisation par fonction a pour principale caractéristique de regrouper les tâches selon le critère de spécialisation. C'est ainsi que dans une entreprise on peut observer une décomposition des activités par département de finance, du personnel, de marketing, etc. Dans une école d'ingénieurs, pour prendre un autre exemple, les enseignants peuvent, eux aussi, être répartis par département : département d'électronique, de mécanique, de chimie, etc. (voir fig. 3). Ce type d'arrangement organisationnel favorise un renforcement de la spécialisation individuelle. Chaque expert trouve, à la fois, des possibilités d'amélioration de ses qualités auprès de ses collègues et une motivation accrue du fait d'une certaine forme de stimulation interindividuelle. Cette recherche de reconnaissance auprès des collègues et cette stimulation risquent, toutefois, de pousser l'individu à s'intéresser plus à sa spécialisation qu'à l'objectif d'ensemble, objectif qu'il devrait servir en priorité.

L'organisation par fonction dont l'efficacité économique est reconnue, puisqu'elle permet une bonne utilisation de ressources spécialisées, pose certains problèmes. Mis à part l'orientation très personnelle des individus dans le cadre de leurs tâches, l'organisation par fonction est à l'origine de conflits entre départements spécialisés. Ces conflits sont à attribuer à des profils d'expériences, de formations, de préoccupations et de comportements parfois très différents. Par exemple, le directeur de production percevra son collègue de la vente comme ayant pour idée fixe de vendre, vendre, de vendre plus encore, sans se préoccuper ni des délais, ni de la charge de fabrication. Inversement, le responsable commercial pensera que son collègue technique n'a que pour seule préoccupation la stabilité et la fiabilité de l'outil de fabrication. Les organisations par fonction sont, également, de par leur nature, plus formalisées que les autres types d'organisation, limitant les contacts informels entre leurs membres, développant règles et procédures précises, empêchant une certaine adaptabilité à l'évolution de l'environnement, favorisant la réalisation de tâches routinières plus que l'accomplissement d'un objectif global. Il semble qu'elles demeurent, toutefois, l'une des formes organisationnelles les plus adéquates pour des environnements stables, où l'utilisation efficace des ressources est recherchée et où les problèmes de coordination ne risquent pas de créer des difficultés majeures mettant en danger l'organisation dans son ensemble.

L'organisation par opération, c'est-à-dire celle dont la vocation est de servir soit un projet, soit un produit, soit un groupe de clientèle, tente de remédier aux inconvénients de la structure par fonction. Elle a pour principale caractéristique de regrouper au sein des mêmes entités organisationnelles l'ensemble des moyens, des ressources, des expertises en vue de réaliser un objectif ou un projet précis. Ainsi, dans une entreprise du secteur électrique-électronique, on pourra trouver une division électro-ménager, une division audio-vidéo, une division électronique industrielle. Cette entreprise est organisée par division « produits » ou « groupe de produits » (voir fig. 4). Ces divisions ont

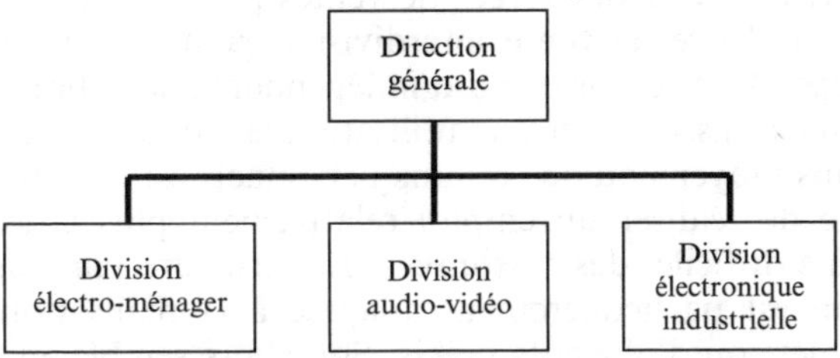

Fig. 4. — Organisation par opération : l'organisation par produit.

pour vocation de mettre en œuvre l'ensemble de leurs moyens pour servir les produits dont elles ont la charge.

L'un des avantages de ce type d'organisation est de rassembler l'ensemble des fonctions, autrefois éclatées par spécialité, favorisant ainsi une bonne coordination. Au-delà d'une motivation accrue qu'elle peut développer chez le responsable, du fait d'une meilleure maîtrise de toutes les expertises dont ce dernier a besoin pour atteindre l'objectif global, cette forme organisationnelle tend, également, à favoriser le contrôle des performances dans la mesure où ces dernières peuvent être aisément mesurées et se trouvent sous la responsabilité d'un seul individu. En effet, les performances se présentent sous forme synthétique et portent sur l'intégralité des opérations. Toutefois, les avantages apparents d'une organisation par opération ne doivent pas nous en faire oublier les contreparties dont la principale est le coût.

Afin de respecter le principe d'autonomie des unités organisationnelles, ces dernières devront assurer leur indépendance sur le plan logistique. Par exemple, elles devront avoir des forces de ventes particulières même si une force de vente interdivision peut être justifiée. Cependant, ce principe d'indépendance logistique est souvent assoupli et une utilisation en commun de certains moyens ou de certains personnels est adoptée en vue de réaliser un emploi relativement plus efficace, mais difficile, des ressources. La structure par opération est particulièrement adaptée à la réalisation de projets ou d'objectifs précis. Son choix semble en être facilité lorsque les contraintes économiques sont relativement moins importantes que celles de coordination et lorsque la résolution de problèmes est l'objectif majeur. Elle diffère, de ce fait, de la structure par fonction plus orientée vers l'utilisation efficace des ressources.

Afin de pallier les difficultés rencontrées dans l'un et l'autre cas, un nouveau type de structure a été développé. Il s'agit de la structure matricielle qui est une combinaison de l'organisation par fonction et de l'organisation par opération. L'exemple de l'hôpital nous fera mieux comprendre ce qu'est ce type d'organisation. Dans un hôpital, chaque spécialiste fait partie d'un service particulier : radiologie, réanimation, chirurgie, etc., et se trouve, de ce fait, dans une structure par fonction. Lors d'une opération ou du traitement d'un malade, ces spécialistes se réunissent dans le but de traiter son cas, et se trouvent alors dans une structure par opération. Le traitement terminé, chacun retourne dans son service dans l'attente d'un nouveau cas à traiter (voir fig. 5).

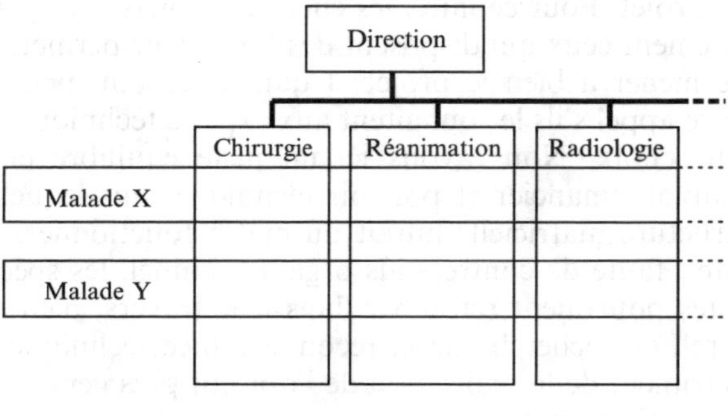

Fig. 5. — Organisation matricielle.
Exemple de l'hôpital.

La caractéristique première de la structure matricielle est la fluidité de sa forme. Elle est faite pour être défaite. Les spécialistes affectés de façon permanente à leur département d'origine sont délégués en fonction de la mission qu'ils doivent accomplir et sont mis sous la responsabilité d'un chef de projet ou d'un chef de mission. Ce chef de projet, également appelé chef de produit ou chef de programme, a pour tâche principale de coordonner l'ensemble des efforts de chacun dans le cadre d'un budget et d'une période de temps donnés. L'autorité qu'il exerce sur les membres de son équipe n'est que temporaire. De plus, il s'agit d'une autorité déléguée par le supérieur hiérarchique de ces membres. Les supérieurs hiérarchiques des départements spécialisés procèdent généralement seuls à l'évaluation et à la récompense des experts techniques délégués. Aussi, dans l'intérêt d'une participation satisfaisante des experts techniques au projet, est-il indispensable d'assurer un équilibre entre le pouvoir du responsable du département spécialisé et celui du chef de projet. Pour ce faire, les chefs de projets sont généralement ceux qui disposent des fonds leur permettant de mener à bien le projet et qui, de ce fait, peuvent faire appel s'ils le souhaitent aux experts techniques de leur choix. Nous avons ici un juste équilibre entre pouvoir financier et pouvoir technique sans lequel la structure matricielle aurait du mal à fonctionner. En effet, faute de contrepoids organisationnel, les spécialistes pourraient retomber dans leur travers, bien naturel, de recherche de la reconnaissance technique au détriment de la réalisation de l'objectif plus général de l'organisation.

II. – Structure décentralisée et structure coordonnée

Les diverses formes d'organisation que nous venons de décrire se différencient, également, les unes des autres par le degré de décentralisation qu'elles adoptent et par les moyens de coordination auxquels elles font appel. Selon le degré de décentralisation, les hommes responsables de la mise en œuvre des décisions jouissent d'une liberté plus ou moins importante. Liberté qui peut s'inscrire éventuellement, grâce à la coordination, dans le cadre d'un effort plus global fourni par l'ensemble de l'organisation.

1. **Délégation et décentralisation.** – Selon la théorie classique que nous avons évoquée en introduction, chacun est investi d'une responsabilité de réalisation de tâches, et ce jusqu'au plus bas niveau de l'organisation. Cette délégation de responsabilité s'accompagne d'une autorité suffisante et d'une obligation de rendre compte au supérieur hiérarchique des résultats obtenus. La délégation, ainsi, permet à chaque supérieur hiérarchique de consacrer davantage de temps à la « stratégie » de son unité au lieu de s'attacher aux seuls problèmes opérationnels. La délégation devrait, en conséquence, favoriser l'initiative individuelle améliorant la flexibilité de l'organisation et sa rapidité de réaction face aux modifications de l'environnement, tout en accroissant la motivation du responsable. Toutefois, qui dit délégation ne doit pas dire abandon de la part du dirigeant de ses prérogatives. Il est nécessaire, à cet effet, de faire appel à un certain nombre de guides formulés par le sommet de la hiérarchie tels

que politiques, objectifs, procédures, etc., dont l'importance et l'étendue peuvent varier selon les circonstances et selon le style de direction en vigueur. Il est également souhaitable de procéder à un contrôle des performances réalisées. Pour ce faire, ce contrôle doit à nouveau être en accord avec le style et les politiques adoptés, et être conforme à l'esprit même du principe de délégation.

La décentralisation est l'un des résultats organisationnels de la délégation. En plus de la responsabilité et de l'autorité déléguées, les unités décentralisées d'une organisation possèdent généralement leurs propres moyens et leurs propres ressources, qu'elles utilisent à discrétion dans les limites des contraintes politiques que nous avons évoquées. Les unités décentralisées sont souvent assimilées à des centres de profit, ce qui favorise leur contrôle, regroupant ainsi sous un critère unique l'ensemble des éléments : revenus et dépenses, contribuant à leur performance économique. La décentralisation est plus facilement mise en œuvre dans le cadre de structures par opération, dans la mesure où, par nature, elles regroupent au sein de différentes unités moyens et ressources, et qu'elles génèrent revenus et dépenses. Dans les structures par fonction, de pseudo-revenus sont, parfois, établis par l'intermédiaire de prix de cession internes entre différentes unités organisationnelles et rendent ainsi possible la création de centres de profit.

2. **Coordination.** – La coordination, qui permet à diverses unités organisationnelles de faire tendre leur effort dans une même direction, peut être réalisée de deux manières différentes. La première a déjà été

évoquée et ne nécessite donc pas de développement spécifique. Il s'agit de la planification. Le plan est un moyen de coordination dans la mesure où il donne des indications précises quant aux objectifs, aux politiques, aux programmes, etc., que chacun doit suivre et respecter. La deuxième a une origine organisationnelle. Hormis la définition classique de la structure et la qualité du système d'information nous trouvons, d'une part, les chefs de produit et, d'autre part, les comités.

Le chef de produit est, par définition, le responsable d'un ou de plusieurs produits. Sa tâche est d'assurer qu'une bonne coordination existe entre les différentes phases d'élaboration d'un produit : de sa création à la vente, en passant par sa fabrication, sa promotion, sa distribution (voir fig. 6). Son seul pouvoir est un pouvoir d'influence. En effet, n'ayant au-

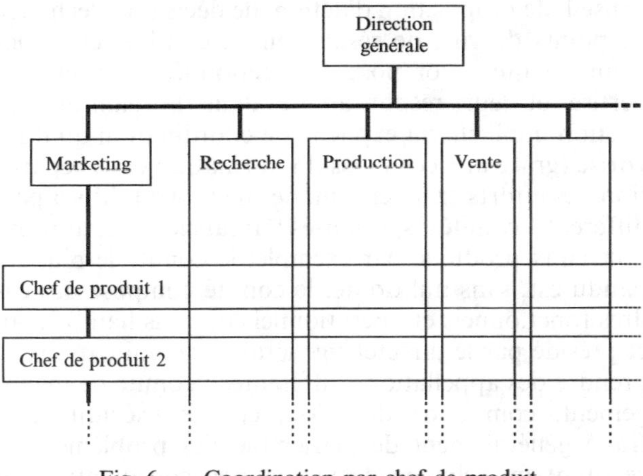

Fig. 6. — Coordination par chef de produit.

cun lien hiérarchique avec les responsables de départements spécialisés, seules une bonne intelligence entre les différents partis, une bonne compréhension de son rôle d'aide, une reconnaissance de son expertise peuvent lui permettre d'assurer avec efficacité sa mission. Le chef de produit trouve sa dimension véritable dans les structures par fonction où, plus que nulle part ailleurs, une coordination entre spécialistes est nécessaire. Les structures par opération, dont les problèmes de coordination sont généralement résolus au sein de chaque unité, connaissent, quant à elles, des difficultés d'harmonisation de développements différenciés et de répartition des ressources. Le comité joue, dans ces circonstances, pleinement son rôle.

Le comité est un composant structurel d'un type particulier. Il est caractérisé par : la mission qui lui est confiée (mission d'information, de discussion, de conseil, de proposition d'action, de décision, d'échange de points de vue, de résolution de conflits, etc.) ; les membres qui le composent (sélectionnés pour leur expertise et leur responsabilité dans l'organisation) ; l'action implicite ou explicite de coordination qu'il favorise (grâce aux échanges d'information et de répartition des efforts entre chacun des membres). Mis à part différents comités spécialisés : financier, acquisition, nouveaux produits, par exemple, le comité le plus répandu est, sans nul doute, le comité composé des cadres fonctionnels et opérationnels du plus haut niveau et présidé par le directeur général. Ce comité qui peut prendre des appellations différentes : comité de management, comité de direction, comité exécutif, etc., traite généralement de l'ensemble des problèmes nécessitant un échange de vue et une coordination au sommet de l'organisation. Bien entendu, la latitude d'action laissée à ce comité dépend du style de direction adopté par le dirigeant. C'est ainsi qu'un comité peut avoir pleine autorité pour tout ce qui concerne l'établissement des politiques. Tel est le cas d'un comité financier qui décide des engagements monétaires maximaux autorisés pour les départements et les divisions, d'un comité « nouveaux produits » qui décide des critères à respecter pour le lancement d'un produit. Un comité peut aussi n'avoir qu'un rôle de conseil concernant des choix à effectuer quant au profil des cadres à recruter, par exemple. Enfin, un comité peut être simplement utilisé comme moyen d'information et n'assumer de ce fait aucun pouvoir.

Dans l'organisation, le comité se trouve généralement en dehors de la ligne d'exercice de l'autorité directe, afin de ne pas interférer avec les décisions opérationnelles au jour le jour. En revanche, il va se

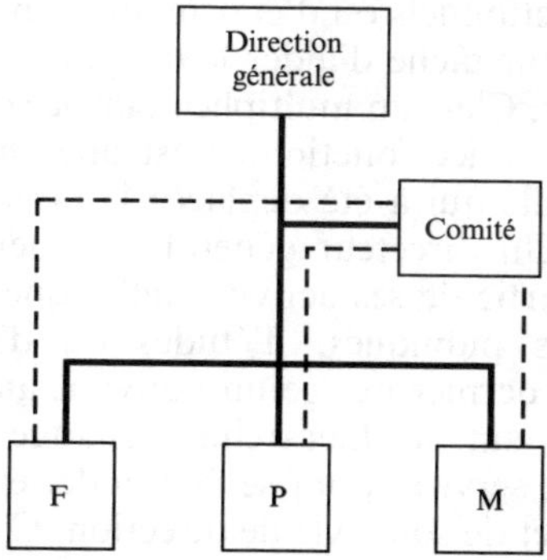

Fig. 7. — Le comité dans l'organisation.

concentrer sur les aspects politiques et d'information (voir fig. 7). Le comité doit également ne pas dépasser une taille limite (cinq à sept personnes étant la taille souvent donnée comme idéale) et favoriser, dans la mesure du possible, la coopération entre des membres de profil et d'orientation différents.

III. – Opérationnels et fonctionnels

Les organisations sont à la fois composées d'unités opérationnelles, celles chargées des opérations telles que la vente ou la production et d'unités fonctionnelles, celles chargées de toutes les fonctions de soutien telles que le personnel ou le contrôle de gestion (voir fig. 8). Les unités fonctionnelles, appelées parfois unités de services, assument un rôle particulier.

1. **Les services fonctionnels.** – De nombreuses ambiguïtés existent entre le rôle du dirigeant et celui des services fonctionnels ou d'état-major. Un service fonctionnel a pour tâche d'aider le dirigeant, mais non de le remplacer. C'est un multiplicateur de son action. La tâche d'un service fonctionnel est une ancienne tâche opérationnelle qui a été déplacée hors de la voie hiérarchique. Un directeur général déléguera à son adjoint une partie de ses activités telles que des activités de relations publiques, d'études ou d'information, sans que ce dernier exerce un pouvoir, autre que celui d'influence, sur la hiérarchie. Chaque responsable s'entoure de services pour se faire aider en fonction de ses besoins et de son style de direction. C'est ainsi que, dans certaines entreprises, des services spécialisés tels que des services d'étude de marché ou de méthode

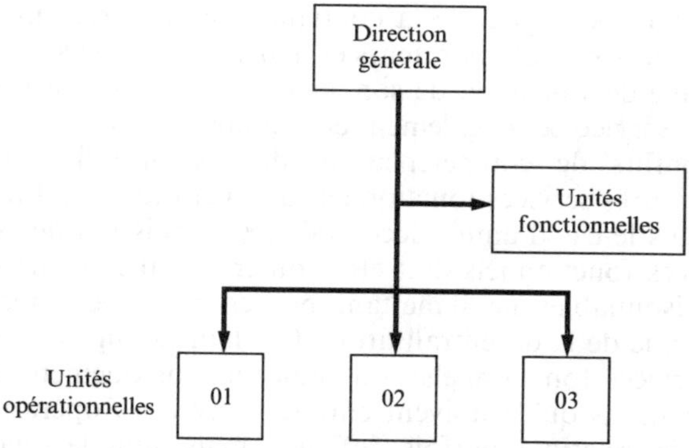

Fig. 8. — Unités opérationnelles et unités fonctionnelles.

sont constitués. Leur domaine d'action peut aller de l'accomplissement de tâches très précises à la réalisation de programmes pouvant toucher tous les aspects de la société.

Quelle que soit la diversité des services, plusieurs règles doivent être respectées. La première concerne la compréhension du rôle du service, par le dirigeant et le titulaire du poste lui-même ; un manque de compréhension pouvant mener à des conflits de compétence et de responsabilité. La deuxième règle est relative à l'étendue de la mission confiée au service. Dans certains cas, le service est chargé d'une mission globale allant jusqu'à l'étape ultime juste avant la prise de décision. Dans d'autres, la tâche du service est beaucoup plus limitée. L'étendue de la mission dépend bien entendu de la qualité et de la compétence du personnel en position fonctionnelle, mais aussi, comme nous l'avons souligné, de la confiance que le dirigeant accorde à ses collaborateurs et, par là même, de son système de valeurs et de son style de direction. La tâche du service peut également être limitée, afin d'éviter des conflits de compétence ou de responsabilité avec d'autres services fonctionnels ou opérationnels. Enfin, dans le cas d'unités décentralisées, la mission des services fonctionnels doit être contenue dans des limites raisonnables ne remettant pas en cause le principe même de la décentralisation. Ces limites imposées aux services fonctionnels nous amènent logiquement aux relations qu'ils doivent entretenir avec les opérationnels, relations parfois difficiles, mais dont la qualité est une des bases d'un fonctionnement efficace de l'organisation.

2. **Les relations entre fonctionnels et opérationnels.** – Dans une organisation où fonctionnels et opérationnels cohabitent (le *staff* et le *line*), les opérationnels ont pour mission la réalisation d'un objectif premier tel que la production dans une usine ou la vente dans un magasin, alors que les fonctionnels doivent assumer les tâches de soutien, d'aide et d'entretien de tout l'ensemble. Woodward[1] opère une distinction entre les fonctions de « tâche » et les fonctions d' « élément ». Les fonctions de « tâche » concernent les activités de base de l'organisation telles que la fabrication, la recherche, la finance, etc., alors que les fonctions d' « élément » sont relatives au management de l'organisation tel que le contrôle ou la planifi-

1. J. Woodward, Industrial organization, *Theory and Practice, op. cit.*

cation. Cette division du travail entre deux groupes organisationnels n'est pas sans poser de problème. Il est fréquent d'entendre dire que « les fonctionnels agissent avec beaucoup d'autorité sans pour cela assumer de responsabilité ». Cette réflexion est le reflet d'un ressentiment que les opérationnels ont vis-à-vis des fonctionnels. Dalton[1], dans un article de 1950, faisait déjà remarquer que ce ressentiment trouvait sa source dans une incompréhension due à un ensemble de différences entre chacun des groupes. Ainsi, les fonctionnels sont généralement moins âgés, mieux formés, ont une orientation plus théorique et utilisent un langage plus technique que les opérationnels[2].

Comment établir de bonnes communications entre ces deux groupes et assurer l'existence de relations satisfaisantes ? Pour ce faire, Newman et Warren[3] proposent tout d'abord de s'assurer de l'existence d'un certain nombre de conditions. La première condition concerne la reconnaissance de l'expertise spécifique des services fonctionnels, c'est-à-dire de son utilité. Ensuite, le statut des membres de ces ser-

1. M. Dalton, Conflicts between staff and line managerial officers, *American Sociological Review,* vol. 15, n° 3, 1950.

2. Nous retrouvons chez A. W. Gouldner, Cosmopolitans and locals : Toward an analysis of latent social role, I et II, *Administrative Science Quarterly,* 2, 2 et 3, 1957, une distinction entre groupes sociologiques « cosmopolites » *(cosmopolitans)* et « indigènes » *(locals)* qui peut être rapprochée de celle faite par Dalton. Les « cosmopolites » peuvent être assimilées aux professionnels au sein d'une organisation assumant leur rôle par rapport aux standards de leur profession qu'ils tendent à privilégier au détriment de l'organisation elle-même. Les « indigènes », en revanche, que l'on assimilera aux bureaucrates, favoriseront l'organisation formelle qu'ils perçoivent comme leur unique possibilité de progression sociale.

3. W. H. Newman et K. Warren, *op. cit.*

vices doit être élevé afin de faciliter l'acceptation des recommandations faites. Enfin, les cadres dirigeants doivent apporter leur support et venir ainsi en aide au seul talent de persuasion des experts fonctionnels. Sur un plan formel, d'autres procédures existent. Le recours aux services fonctionnels peut être rendu obligatoire dans des cas tels que les services juridiques qui doivent donner leur approbation avant la signature de tout contrat. Une autorité parallèle à celle des opérationnels peut également être donnée aux fonctionnels. Tel est le cas des services de personnel qui doivent donner leur accord avant tout recrutement. Enfin, les fonctionnels peuvent aussi obtenir une responsabilité opérationnelle. Ainsi en est-il des services d'entretien qui ont tout pouvoir sur la maintenance d'unités de production.

Toutefois, il ne faut pas se leurrer. Une telle séparation des tâches entre opérationnels et fonctionnels n'est parfois que théorique. Tel est le cas des petites et moyennes entreprises qui, faute de ressources, font assumer par la même personne des fonctions opérationnelles et fonctionnelles. Néanmoins des divergences entre les attitudes des personnes, selon leur activité, continuent à creuser un fossé d'incompréhension et de communication que seul un arrangement organisationnel adéquat peut combler.

Le choix des structures pour une organisation est un choix délicat. Il dépend à la fois des orientations adoptées par l'organisation, des hommes en présence, du style de direction des responsables, de la culture organisationnelle et des caractéristiques de l'environnement. Plus que tout autre composant du management le choix d'une structure est lourd de conséquence du fait de la relative rigidité de sa mise en œuvre. Changer un plan, modifier un contrôle est réalisable à court terme. Adopter une nouvelle structure et la faire fonctionner de manière satisfaisante réclament un effort de plusieurs années.

IV. – Tendances récentes : souplesse et réactivité

Au-delà des formes organisationnelles que nous venons d'évoquer, on peut observer, en particulier depuis ces dernières années, des transformations radicales en matière d'organisation. Dans les années 1970, par exemple, les entreprises étaient encore très centralisées et organisées par grandes fonctions. Les opérationnels participaient parfois aux prises de décisions stratégiques, mais n'avaient pas de pouvoir véritable. De plus, la réflexion stratégique demeurait concentrée sur une poignée de participants. Il s'agissait essentiellement d'un travail d'état-major associant les seuls grands responsables opérationnels. Il apparaît également que la structure des entreprises, en France en particulier, était encore très « pyramidale » et les services fonctionnels qui dépendaient de la direction générale, toujours importants. Enfin, les moyens de coordination, tels que les comités, étaient en faible nombre. Les directions générales ne semblaient pas ressentir le besoin de faire partager et d'impliquer les opérationnels dans les orientations stratégiques et le suivi de ces dernières. Le sommet hiérarchique était convaincu de sa capacité à coordonner l'ensemble, comme il l'avait fait pendant les années de croissance et de plus grande certitude.

Toutefois, des transformations sensibles ont depuis été engagées : – recul des structures fonctionnelles au bénéfice des structures par divisions et des structures matricielles, – allégement des services fonctionnels afin de redonner aux opérationnels leur liberté et l'initiative de l'action – recherche de l'agilité du petit dans le grand. On pense de plus en plus que les experts doivent rester à leur place et ne pas se substituer à ceux qui se trouvent au « front ». De plus, des unités de petite taille, dégagées des contraintes des services d'état-major facilitent la communication, la coordination, la rapidité de réaction face à l'événement. La recherche de la réactivité la meilleure face à un environnement mouvant et imprévisible devient un impératif. Des entités plus autonomes permettant que des expérimentations différentes soient tentées sans pour autant engager l'ensemble de leurs ressources sont actuellement constituées. Il s'agit ici de trouver un compromis entre le global et le local, entre un gigantisme relatif et une agilité nécessaire. Trois pistes majeures : la dé-hiérarchisation, la décentralisation et le décloisonnement, caractérisent ces transformations.

1. **Dé-hiérarchisation.** – Afin de raccourcir les circuits de décision et de rendre toute son importance à la ligne « "managériale" » par rapport aux filières fonctionnelles d'experts, dans le but de donner à la direction une vision directe des centres opérationnels, plus proches du terrain, la ligne hiérarchique, par suppression de certains échelons, est raccourcie. Les structures pyramidales font place à des structures « plates ». Ce mouvement vers la suppression des niveaux intermédiaires reflète la volonté des entreprises d'être proches

de la réalité du terrain et d'éliminer autant que faire se peut ce qui peut les séparer de leurs marchés.

Une autre évolution, quoique moins fréquente, mérite d'être mentionnée. Toujours dans le même ordre d'idée, apparaissent dans les entreprises ce que l'on peut appeler des structures autonomes. Il s'agit de structures *ad hoc,* le groupe de projet, qui désignent en fait des micro-organisations indépendantes de la ligne hiérarchique et conçues pour la résolution d'un problème particulier. Ces structures sont fréquemment utilisées dans le but de promouvoir l'innovation. Leur organisation reflète non seulement l'idée d'autonomie hiérarchique, mais aussi, le décloisonnement, la souplesse de fonctionnement et la transversalité des métiers.

Un groupe de projet est une équipe réunissant un nombre limité de personnes afin d'éviter la reconstitution de lourdeurs organisationnelles. Il est transverse. Il mêle en son sein des spécialités et des métiers différents. Le groupe suit le développement du projet dans toutes ses phases, en collaboration avec les différents services fonctionnels. Il est suffisamment autonome pour pouvoir négocier avec les représentants des métiers traditionnels de l'entreprise. Il coopère avec ceux-ci, mais demeure une entité indépendante de la hiérarchie fonctionnelle. Son rôle est de coordonner et de faire-faire, et non de faire lui-même. En donnant une certaine forme d'indépendance par rapport à la structure hiérarchique traditionnelle, on pense que des voies nouvelles de développement peuvent être plus facilement et rapidement trouvées.

Enfin, l'entreprise fait appel de façon croissante à un fonctionnement par centres de résultat. Il s'agit ici d'une notion différente des précédents types d'arrangements organisationnels. Ces centres de résultats désignent des équipes établies au sein de la hiérarchie mais désormais responsabilisées sur un certain nombre de critères tels que le rendement, la productivité ou bien encore la qualité dont la responsabilité incombait auparavant à la maîtrise ou aux cadres. L'idée est ici encore de donner plus de latitude aux opérationnels et ce jusqu'aux niveaux les moins élevés de la hiérarchie. Toutefois, cette latitude donnée à des fins de plus grande réactivité demeure sous le contrôle d'un critère globalisant et responsabilisant.

2. **Décentralisation.** – Un autre changement structurel a été entrepris dans le but d'accroître la flexibilité et l'adaptabilité à un environnement moins prévisible. Ce changement vise à rééquilibrer les responsabilités entre la direction générale, les directions fonctionnelles, d'une part et les unités opérationnelles, les filiales et autres entités « autonomes », d'autre part. On espère qu'en donnant de plus grandes marges de manœuvre et de liberté à ceux qui mettent en œuvre, les réponses aux demandes changeantes de l'environnement en seront accélérées et mieux en phase avec ce qu'il est nécessaire de faire. Dans cet esprit, les unités opérationnelles bénéficient d'une liberté d'action nouvelle. Parallèlement à cela, les systèmes de gestion sont modifiés afin de faciliter le suivi de ces unités « décentralisées ».

Toutefois, des problèmes associés, dans une certaine mesure, à l'apprentissage de cette nouvelle forme de fonctionnement apparaissent. Par exemple, des problèmes de coordination entre entités commencent à émerger. De plus, le sens des transformations apportées aux structures des entreprises n'est pas toujours partagé. La liberté nouvelle est parfois dévoyée par un manque de solidarité entre unités opérationnelles qui se considèrent tout d'abord responsables vis-à-vis d'elles-mêmes plutôt que vis-à-vis de l'entreprise dans sa globalité. Néanmoins, ces « dysfonctionnements » sont le lot du nécessaire apprentissage d'un mode d'organisation nouveau.

3. **Décloisonnement.** – Le décloisonnement est la troisième piste que les entreprises empruntent pour faire face à leurs nouveaux défis. Ce décloisonnement comprend, d'une part, un renforcement de la communication interne et, d'autre part, un développement de réseaux aussi bien à l'interne qu'à l'externe. L'entreprise devient plus transparente non seulement pour son propre personnel, mais également pour certains de ses anciens concurrents, fournisseurs, clients qui prennent désormais le statut de « partenaires ». La structure de l'entreprise n'est plus une frontière qui la sépare de son environnement. L'entreprise tisse des liens et s'ouvre sur l'extérieur grâce au développement de coopérations avec ses concurrents, fournisseurs, clients.

De manière plus extrême et grâce aux progrès des systèmes de communication et d'information, on passe de l'entreprise intégrée à l'entreprise désintégrée voire même virtuelle. Les prémisses de ce type de structure existent déjà. C'est le cas de certaines entreprises de taille moyenne qui ne possèdent en propre que leur capacité à gérer un système complexe composé de nombreux sous-traitants allant de la conception des produits à la gestion financière en passant par la production et la distribution. Toutefois, en même temps qu'elle se décloisonne, l'entreprise découvre de nouveaux problèmes : risque d'éclatement et de balkanisation, problèmes accrus de coordination, problème d'accroissement de la complexité de l'organisation.

Paradoxalement, ce mouvement vers un plus grand décloisonnement, dé-hiérarchisation et décentralisation s'accompagne d'une forme nouvelle de domination. La domination par la responsabilisation des acteurs qui ne peuvent plus se cacher derrière la façade artificielle des injonctions d'un passé révolu ou en voie de l'être. Étant responsables, ces derniers deviennent les propres agents de leur résultat qui les contraint.

Chapitre III

L'ACTIVATION

> « Aucun homme n'a reçu de la nature le droit de commander les autres. »
>
> Diderot.

L'activation, terme quelque peu inattendu pour un ouvrage sur le management, à l'instar de ce qu'elle représente en sciences physiques[1] vise à donner vie à l'organisation. La planification a pour vocation de définir les tâches et de les articuler entre elles, afin d'atteindre un objectif. L'organisation donne le support structurel nécessaire à la mise en œuvre des actions. Le contrôle permet de vérifier si tout se passe comme prévu. L'activation a pour but d'animer les femmes et les hommes qui planifieront, organiseront et contrôleront. Dans ce chapitre, clé de voûte du management, dont l'importance justifierait plusieurs ouvrages, nous avons volontairement limité l'étendue et la diversité des thèmes abordés à cinq domaines majeurs. Il s'agit, tout d'abord, de la motivation des hommes, puis du pouvoir, de l'autorité, de l'influence que les acteurs au sein de l'organisation exercent. Le troisième domaine concerne les problèmes de conflit.

1. L'activation consiste à augmenter les propriétés physiques ou chimiques d'un corps.

Puis le commandement est abordé. Enfin, le changement des organisations qui permet à ces dernières d'accompagner leur transformation est traité.

I. – La motivation

1. **La théorie classique.** – Selon l'une des premières théories, le taylorisme, développée au début de ce siècle par Frederick Winslow Taylor[1], la meilleure motivation est l'argent. Il s'agit du concept de l'*homo economicus*. L'homme agit de manière rationnelle et choisit la décision qui maximise l'ensemble des compensations financières qu'il est susceptible de recevoir. Si un revenu monétaire suffisant est associé à une grande productivité, l'individu sélectionne la productivité comme moyen pour obtenir cette compensation financière. Taylor donne à cet effet l'exemple d'un manœuvre de la Bethlehem Steel Company qui accrut son tonnage moyen de fer manipulé par jour de 16 à 49 t à la suite d'un accroissement de son salaire moyen de 1,15 $ à 1,88 $.

Le taylorisme est à l'origine de la plupart des systèmes basés sur les compensations financières, que ce soit les systèmes de bonus, de primes à la productivité ou même, et plus récemment encore, de l'intéressement des travailleurs aux résultats de l'entreprise.

D'autres facteurs revêtent cependant une grande importance quant à leur influence sur la performance de l'homme dans son travail. Par exemple, on a constaté que la nature de la tâche, les normes informelles du groupe, sa cohésion et sa taille ont un

1. F. W. Taylor, *op. cit.*

impact sur le comportement de l'individu dans son activité professionnelle. L'existence de telles influences a orienté l'ensemble de la recherche, au début des années 1950, vers d'autres voies de réflexion et de nouvelles tentatives d'explication du comportement de l'individu dans son cadre de travail ont été entreprises. Il ne s'agit plus de considérer l'être humain comme étant essentiellement motivé par l'argent, mais d'appréhender l'homme comme ayant un ensemble de besoins qu'il tente de satisfaire de manière successive.

2. **La théorie des besoins.** – Selon la théorie des besoins de A. H. Maslow[1], l'être humain possède une hiérarchie de besoins. Les besoins les plus élémentaires doivent d'abord être largement satisfaits avant que le besoin suivant, qui se trouve à un niveau d'abstraction plus élevé, puisse devenir « opérationnel », c'est-à-dire puisse devenir un élément motivant du comportement. Un besoin satisfait ne motive plus et ne peut plus, par conséquent, influencer le comportement individuel de manière directe.

La classification proposée par Maslow est la suivante (en partant des besoins les plus élémentaires pour aller vers les plus abstraits) : besoins physiologiques, tels que la faim, la soif, le repos, etc. ; besoins de sécurité, tels que la protection contre les dangers, la peur, la privation, etc. ; besoins sociaux, tels que l'amitié, l'affection, etc. ; besoins d'estime, tels que le respect, l'autonomie, la réputation, le statut, etc. ; be-

1. A. H. Maslow, *Motivation and Personality,* New York, Harper & Row, 1954.

soins d'actualisation, tels que la réalisation de son potentiel, le développement de soi, etc. Dans notre société occidentale, et selon cet auteur, les besoins physiologiques et ceux de sécurité sont satisfaits respectivement dans 85 % et 70 % des cas. Il est ainsi possible de dire que les autres besoins : sociaux, d'estime et d'actualisation, représentent seuls des éléments de motivation plus importants. Bien que séduisante sur le plan conceptuel et intuitivement facile à comprendre, cette approche tend cependant à simplifier un peu trop la réalité[1]. Une nouvelle approche de la motivation semble nécessaire.

3. **La théorie des deux facteurs.** – Il faut attendre 1966 pour assister au développement d'une théorie qui se veut plus générale, à savoir la théorie des deux facteurs de Herzberg[2]. F. Herzberg propose, en postulat, l'existence de deux classes d'éléments motivants : d'une part, les facteurs extrinsèques ou facteurs d'insatisfaction ou d'hygiène, et, d'autre part, les facteurs intrinsèques, ou facteurs de satisfaction ou de motivation. Les facteurs extrinsèques : la politique de personnel, le style de supervision, les relations interpersonnelles, les conditions de travail et le salaire, sont considérés comme étant capables d'empêcher l'insatis-

1. Par exemple, il n'est point fait référence d'une relation éventuelle entre le niveau d'emploi et la force associée avec chaque besoin, ni de l'influence des normes et des valeurs de la culture d'accueil sur la hiérarchie des besoins, ni de l'existence d'autres types de besoins, tels que les besoins d'autonomie, d'affiliation, de pouvoir et de réalisation des objectifs.

2. F. Herzberg expose sa théorie dans un ouvrage intitulé *Work and the Nature of Man*, publié chez World Publishing Co., Ohio, Cleveland, 1966.

faction, ou de la supprimer, à partir du moment où cette dernière apparaît. Les facteurs intrinsèques : la réalisation de soi, la reconnaissance, l'intérêt du travail, la responsabilité, les possibilités de promotion et de développement, opèrent seulement pour accroître la satisfaction dérivée du travail, et sont les seuls éléments motivants véritables. Un double enseignement peut être retiré de l'analyse de cette théorie. Tout d'abord en ce qui concerne les facteurs de motivation, on peut constater qu'il s'agit, dans leur majorité, des mêmes éléments que ceux définis par Maslow comme étant ceux sur lesquels il faut agir pour motiver l'individu dans son travail. D'autre part, l'existence des deux types de facteurs, d'insatisfaction et de motivation, semble indiquer qu'une séquence définie devrait être respectée. Les facteurs d'insatisfaction, qu'ils s'agissent des conditions de travail, de style de supervision ou de salaire, devraient recevoir en premier lieu une attention particulière avant de procéder à toute intervention au niveau d'un élargissement des responsabilités individuelles, d'un accroissement de l'intérêt porté à la tâche ou d'une amélioration du développement de la personne. Cette intervention concernerait les seuls éléments motivants du comportement humain pouvant permettre à la fois d'apporter une plus grande satisfaction au travailleur et des rendements accrus à l'organisation.

La théorie des deux facteurs, comme celle de Maslow précédemment citée, présente cependant certaines faiblesses et, là encore, toute conclusion quant à sa capacité de prédiction, doit être formulée avec prudence. En effet, d'une part, il n'existe pas de distinction bien définie entre l'élément d'insatisfaction et l'élément de satisfaction. D'autre part, la proposition selon laquelle les facteurs de satisfaction ont une force de motivation plus grande que les facteurs d'insatisfaction semble suspecte. Cette approche, bien qu'intéressante, est trop générale au point de vue de sa formulation. Elle nécessite une orientation plus dynamique afin d'expliquer un processus réel de manière satisfaisante. C'est ce que se proposent de faire les théories des pulsions, des attentes et de l'équité.

4. **La théorie des pulsions.** – La théorie des pulsions trouve ses origines chez les philosophes grecs qui développèrent les principes de l'hédonisme. Selon l'hédonisme l'être humain choisit, parmi différentes actions, celles qui maximise son plaisir ou minimise sa peine. E. L. Thorndike[1] développa le premier cette théorie en formulant sa fameuse loi de l'effet où l'apprentissage et l'influence des événements passés sur le comportement étaient introduits dans le processus de motivation. Il expliqua ainsi pourquoi le comportement présent était dirigé vers des sources de satisfaction et se détournait des événements désagréables. Cependant, il faut attendre l'introduction du concept de pulsion défini comme représentant le niveau de privation temporelle par rapport aux besoins supposés existants pour élargir la théorie à l'étude de comportements qui n'avaient pas de rapport avec la satisfaction de besoins d'origine physiologique. La formulation la plus importante de cette théorie ne vint que bien plus tard, au début des années 1940, quant

1. E. L. Thorndike, *Animal Intelligence : Experimental Studies*, New York, Macmillan, 1911.

C. L. Hull[1] décrivit le comportement comme étant la résultante de pulsions et d'habitudes. Selon cet auteur, la motivation est fonction, d'une part, de l'habitude, c'est-à-dire l'expérience de la relation entre le stimulus et la réponse et, d'autre part, de la pulsion, c'est-à-dire l'excitateur. Par exemple, l'habitude est la relation qui existe entre l'augmentation du rendement de production et l'accroissement de la prime au rendement. L'excitateur est, dans ce cas, le besoin d'accroître son bien-être économique par l'intermédiaire de gains supplémentaires. Dans cette théorie, comme dans celle de Maslow, on suppose l'existence *a priori* de besoins non satisfaits vers lesquels l'individu est tendu. Des observations infirmant cette théorie menèrent toutefois Hull à modifier son approche en insérant le montant de l'incitation comme variable séparée de la motivation. Ce changement réduisit la différence entre cette théorie orientée vers le passé et la théorie des attentes tournée vers l'avenir.

5. **La théorie des attentes.** – La théorie des attentes comme la théorie des pulsions trouve son fondement dans la philosophie hédoniste, ainsi que dans les écrits des utilitaristes anglais : Jeremy Bentham et John Stuart Mill. Au moment même où la théorie des pulsions était développée, Lewin[2] et Tolman[3] entreprenaient des recherches dans le domaine des théories co-

1. C. L. Hull expose cette formulation dans un ouvrage intitulé *Principles of Behaviour,* publié chez Appleton Century, New York, 1943.
2. K. Lewin, *The Conceptual Representation and the Measurement of Psychological,* Force, Durham, NC, Duke University Press, 1938.
3. E. C. Tolman, *Purposive Behavior in Animal and Men,* NY, Appleton Century Craft, 1932.

gnitives de la motivation. Depuis lors, un certain nombre de théories de la motivation empruntant les concepts de valence (intensité de la préférence individuelle pour un certain résultat) et d'espérance (vraisemblance qu'une action donnée sera suivie d'un résultat particulier) ont été développées. Toutes ces théories partent de l'idée que le comportement est fonction du produit de la valence et de l'espérance (valence 3 espérance).

Dans le cadre de l'étude du comportement humain dans un environnement de travail, la théorie a été appliquée à différentes situations et plus particulièrement aux prédictions de l'effort fourni, et de la performance réalisée par un travailleur dans l'accomplissement de ses tâches. Vroom[1] fut le premier à développer une théorie générale de la motivation dans un environnement de travail. Selon sa théorie, un résultat prend une valence dans la mesure où il mène à d'autres résultats. Par exemple, dans une situation de travail, le premier niveau de résultat peut être l'argent qui est un moyen permettant d'atteindre un autre niveau de résultat qui peut être la nourriture et le logement. De la même manière que précédemment, Vroom définit l'espérance comme l'attente qu'un acte donné sera suivi d'un résultat spécifique. Selon lui, l'effort qu'un individu exerce pour la réalisation de sa performance est une « fonction monotone croissance de la somme algébrique des produits des valences de tous les résultats et des espérances qu'un acte donné sera suivi de l'obtention de ces résultats ».

1. V. H. Vroom, *Work and Motivation,* New York, Wiley, 1964.

Ce modèle de base a été repris et développé. Des sources intrinsèques de valence, par exemple, ont été définies et différenciées des sources extrinsèques. Deux types de valences intrinsèques ont aussi été suggérés : les valences de comportement, c'est-à-dire celles qui sont associées à la satisfaction sociale d'être impliqué dans une tâche, et les valences de réalisation, c'est-à-dire celles qui sont associées à la réalisation d'un objectif. Des variables supplémentaires telles que la perception par l'individu de son rôle ont été prises en compte. Enfin, la notion d'équité a été introduite dans ce modèle de comportement comme variable intervenante.

6. **La théorie de l'équité.** – Plusieurs auteurs ont suggéré que les hommes recherchaient une compensation équitable pour leurs efforts de travail. L'hypothèse selon laquelle une compensation, soit au-dessus soit au-dessous de ce qui est perçu comme étant équitable, entraîne une tension, est commune à toutes ces théories. La tension pousse le travailleur à rechercher une certaine harmonie en modifiant son comportement ou sa perception. Parmi les différentes approches proposées, on peut citer celle de la « justice distributive » de Homans[1]. Cette dernière décrit la manière selon laquelle les récompenses et le coût des activités sont répartis entre individus. Plus les coûts sont importants et plus grandes doivent être les récompenses. Si le rapport du profit (ou récompense nette) sur l'investissement (ou ensemble des coûts) diffère entre

1. G. C. Homans, *Social Behavior : Its Elementary Forms,* New York, Harcourt Brace, 1961.

individus, il y a un sentiment d'injustice. On peut également citer les travaux d'Adams[1]. Adams a développé une théorie de l'injustice dérivée de la théorie de la dissonance cognitive de Festinger[2]. Selon lui, il y a injustice pour À chaque fois qu'il perçoit qu'il existe une inégalité entre le ratio de ses compensations et de ses contributions et le ratio des compensations et des contributions de l'autre. Ceci peut se produire soit quand A est en relation directe d'échange avec B, ou quand tous deux sont en relation d'échange avec un tiers, et que A se compare à B. Les compensations, dans une situation de travail, incluent le salaire, les primes d'intéressement aux bénéfices, les primes à la productivité, le statut et l'intérêt intrinsèque de la tâche. Les contributions incluent la quantité de travail fournie par l'individu, son niveau de formation et sa qualification pour la tâche. L'absence d'équité est une source de tension. Plus le sentiment d'injustice est important et plus grande est la pulsion pour réduire cette tension. Pour la réduire, A tente d'établir un équilibre entre ses contributions et ses compensations.

Pour réaliser cet équilibre, différents moyens ont été suggérés. En particulier, on a mis l'accent sur des modifications de la productivité et de la qualité du travail comme moyens de réduction du sentiment d'injustice. Par exemple, un individu sous-rémunéré, travaillant à la pièce, tend à produire plus qu'un individu équitablement rémunéré car, ayant une plus grande productivité, il peut gagner autant qu'un autre individu équitable-

1. J. S. Adams, Toward an understanding of inequity, *Journal of Abnormal and Social Psychology,* 67, 1963.

2. L. Festinger, *A Theory of Cognitive Dissonance,* Evanston, Ill., Row Peterson, 1957.

ment rémunéré, et ainsi réduire la différence qui existe entre les compensations respectives. Dans une moindre mesure on a pu observer qu'un individu sur-rémunéré, payé sur une base horaire, tend à produire plus qu'un travailleur équitablement rémunéré, car produisant plus, il accroît sa contribution et ainsi tend à établir l'égalité entre son ratio « compensation-contribution » et celui de l'individu pris comme référence.

Lors de cette présentation rapide des différentes théories de la motivation, de nombreuses orientations ont été analysées et proposées comme bases conceptuelles permettant de comprendre le comportement de l'homme au travail. Certaines d'entre elles mettent l'accent sur ce qui motive les individus. D'autres insistent davantage sur le processus même de motivation. Aucune, cependant, n'est à la fois assez simple et précise, à l'exception peut-être, d'une théorie des attentes élargies, pour nous éclairer sur ce que pourrait être les sources de la motivation et les « mécanismes » qui la sous-tendent. En effet, la théorie classique et la théorie des deux facteurs de Herzberg sont beaucoup trop vagues ; la théorie des besoins présente des résultats contradictoires ; la théorie des pulsions pourrait être satisfaisante, mais semble moins intéressante, toutefois que la théorie des attentes et les développements qui y sont associés. Comme Lawler[1] le faisait remarquer, la théorie des attentes est un choix raisonnable pour décrire le comportement de l'individu dans le cadre de ses activités liées au travail. En effet, elle permet de prendre en compte les motivations négatives telles que

1. E. E. Lawler, *Pay and Organizational Effectiveness : A Psychological Perspective,* New York, Wiley, 1971.

celles qui poussent à éviter l'échec, et possède une orientation pro-active ; enfin, elle met moins l'accent que ses prédécesseurs sur la spécificité des pulsions.

Dans cette première section sur la motivation, l'ambition n'a pas été de donner la « méthode » pour motiver, mais au contraire de montrer la diversité des approches auxquelles le management a eu ou peut encore avoir recours. C'est de la confrontation des différentes théories que nous venons d'étudier et de la prise en compte de leurs apports les plus significatifs qu'un management peut être mis en œuvre visant à orienter les efforts des femmes et des hommes vers l'objectif de l'organisation.

II. – Le pouvoir

Au-delà de la motivation et des actions qui peuvent être entreprises pour inciter les hommes à coopérer, le pouvoir et les formes d'influences qui y sont associées sont des sources fondamentales d'animation de l'organisation.

Le pouvoir est la faculté d'un individu ou d'un groupe d'individus de faire faire à d'autres quelque chose qu'ils n'auraient pas fait de leur propre initiative. Comme le soulignent Crozier et Friedberg[1] le pouvoir est une relation d'échange et, par conséquent, de négociation entre deux individus ou groupes d'individus. C'est aussi une relation instrumentale, c'est-à-dire une relation établie dans la perspective d'un but poursuivi par un ou plusieurs individus en présence. C'est également une relation non transitive.

1. M. Crozier et E. Friedberg, *op. cit.*

M. Durand exerce un pouvoir sur M. Dupont qui lui-même exerce un pouvoir sur M. Dumas ; M. Durand peut ne pas exercer de pouvoir sur M. Dumas. C'est, enfin, une relation réciproque dans laquelle, toutefois, l'un des acteurs, celui qui possède le plus grand pouvoir, a un avantage sur l'autre. Ceci ne veut pas dire que l'autre ne possède aucun contre-pouvoir, mais qu'il accepte de se plier pour un temps à ses exigences. Par exemple, l'ouvrier qui limite volontairement sa performance afin d'empêcher la hiérarchie d'accroître les standards de production exerce un contre-pouvoir, le représentant qui ne communique pas des informations sur les stratégies qu'il peut observer de la concurrence exerce aussi un contre-pouvoir. Ainsi, une relation de négociation entre individus va s'établir, relation dans laquelle pouvoir et contre-pouvoir s'équilibrent.

Celui qui donne des récompenses exerce un pouvoir. Comme Etzioni[1] l'a suggéré, le pouvoir peut être classé en différentes catégories selon le type de récompense qu'une personne peut ou ne pas donner. C'est ainsi que l'on trouve tout d'abord le pouvoir de rémunération fondé sur la volonté d'un individu de donner ou de refuser des augmentations de salaire, des primes et d'autres avantages matériels : voiture, voyage, appartement, etc. Nous avons ensuite le pouvoir normatif ou pouvoir de « manipulation » qui repose sur l'utilisation de récompenses symboliques, telles que la reconnaissance, les symboles de prestige, l'estime, l'utilisation de rites, etc. Enfin, le pouvoir de coerci-

1. A. Etzioni, *A Comparative Analysis of Complex Organization,* Glencoe, Ill., The Free Press, 1961.

tion qui a recours à la crainte, aux sanctions, au contrôle de ressources nécessaires à la satisfaction des hommes : loisir, sécurité, etc. Au-delà de ces pouvoirs fondés sur la crainte et la récompense nous avons d'autres pouvoirs plus subtils, mais non moins importants. Il s'agit tout d'abord du pouvoir légitime, c'est-à-dire de la reconnaissance implicite par un individu de l'influence qu'un autre peut exercer sur lui. Par exemple, l'enfant accepte cette forme de pouvoir de la part de ses parents. Il y a également le pouvoir de référence. Ici, il s'agit de l'influence qu'un individu accepte de subir en contrepartie de son identification à celui qui l'exerce. Enfin, le pouvoir d'expertise dépend de ce que l'individu connaît ou de ce qu'il possède en termes de ressources. Les ressources sont prises ici dans leur acception la plus large, c'est-à-dire : la connaissance, l'information, mais aussi la maîtrise d'une machine, d'une technique, d'une qualité humaine. Ce pouvoir d'expertise ainsi que les pouvoirs de référence et de légitimité sont fonction de la perception ou de l'acceptation de l'individu dominé, et peut donc varier d'une personne à une autre. Le pouvoir organisationnel, enfin, ou autorité, ou droit d'action, comme le font remarquer Katz et Kahn[1], est le pouvoir légitimement reconnu par tous. Les normes, les procédures, les traditions sont les sources de ce pouvoir et donnent, en quelque sorte, les règles du jeu, les limites de ce qu'un individu est en droit de demander, mais aussi de ce qu'un autre peut refuser.

Comme nous l'avons signalé, la relation de pouvoir

1. D. Katz et R. Kahn, *op. cit.*

n'est pas à sens unique. Chaque acteur contrôle une zone d'incertitude organisationnelle – selon les termes de Crozier et Friedberg[1] – dont l'amplitude est l'enjeu de négociations.

III. – Le conflit

Un conflit peut avoir plusieurs origines. La première est la concurrence pour des ressources limitées : une seule force de vente partagée entre deux départements produit, par exemple. La seconde prend sa source dans une mauvaise définition des rôles : un directeur du marketing prenant des décisions lourdes de conséquences, en termes de délais de livraison, pour le responsable de la production. La troisième se trouve dans les différences de perspectives, d'enjeux, de cadres de référence des acteurs de l'organisation, comme elles peuvent exister entre les fonctionnels des états-majors et les opérationnels de la base. Enfin, la quatrième réside dans l'acuité accrue des faiblesses des autres, comme cela peut se produire lors du partage d'un même bureau ou de l'utilisation d'un secrétariat commun.

Les risques de conflit peuvent néanmoins être minimisés. Par exemple, une détection rapide de conflits potentiels peut empêcher leur émergence ou en faciliter une résolution rapide avant qu'ils ne dégénèrent. Le rassemblement des parties en conflit peut être également envisagé afin de réduire les risques d'incompréhension ou de mauvaises communications afin de résoudre les problèmes au fur et à mesure où ils se

1. M. Crozier et E. Friedberg, *op. cit.*

présentent. La séparation physique, comme nous le rappelle Whyte[1], peut aussi être un moyen pour éviter le conflit. Il cite, à titre d'illustration, le cas des cuisiniers de restaurant, dont le statut est élevé et qui n'éprouve aucun plaisir à recevoir les demandes faites par les serveurs de statut plus faible et encore moins à supporter leur insistance et impatience. Pour minimiser le conflit entre ces deux groupes d'acteurs, une séparation physique est mise en place ; la communication se faisant par l'intermédiaire de notes écrites : la commande. Au sein d'une entreprise, les fonctions de vente, de recherche, de production sont généralement séparées mais elles demeurent reliées entre elles grâce au chef de produit ou de tout autre acteur, procédure, comité jouant un rôle de coordination.

Le conflit, toutefois, peut ne pas être une source d'instabilité et de désagrégation. Loin d'être évité, ce dernier peut être recherché pour la stimulation qu'il procure. La lutte entre entités opérationnelles pour l'accès à une ressource rare est souvent un catalyseur d'efficacité. Les missions différenciées des services fonctionnels et des départements opérationnels assurent, par exemple dans le cas du contrôle, une meilleure objectivité du suivi des résultats. Le mode d'utilisation du conflit est influencé par le style de commandement en place, c'est ce vers quoi nous nous tournons à présent.

1. W. F. Whyte, *Organizational Behavior,* Homewood, Ill., Dorsey Press, 1969.

IV. – **Le commandement**

Dans une relation de pouvoir entre deux personnes, l'une peut exercer une influence prépondérante sur l'autre dans le cadre de règles précises et de normes formelles édictées par l'organisation. L'une commandera et l'autre exécutera. Le commandement, selon Tannembaum et Schmidt[1], prend différentes formes. Ce dernier va de l'autorité la plus grande à un suivi très souple. Il varie non seulement en fonction de la personnalité du dirigeant et celle du dirigé, mais aussi selon la nature du contexte dans lequel il s'exerce. Le style adopté pour commander devrait idéalement résulter de la confrontation de trois éléments : le système de valeurs de celui qui commande, l'attente du dirigé et enfin le contexte dans lequel le commandement va s'exercer.

Selon la perception du dirigeant de ce que sont les dirigés, le style de commandement peut varier. Reprenant schématiquement les deux conceptions de Mac Gregor[2], le dirigeant va pencher soit vers une conception de la femme ou de l'homme « X », c'est-à-dire celle de l'individu paresseux, incapable d'initiatives et motivé par les seules récompenses matérielles, soit vers une conception « Y », c'est-à-dire celle de l'individu travailleur, consciencieux et contribuant de son mieux au succès de l'organisation. Dans le premier cas, un style autoritaire laissant peu de place à l'initiative et à l'autonomie des acteurs semble s'im-

1. B. Tannembaum et W. H. Schmidt, Comment choisir son style de direction, *Harvard Business Review,* mars-avril, 1958.

2. D. Mac Gregor, *La dimension humaine de l'entreprise,* Paris, Gauthier-Villars, 1969.

poser. Dans le second, un mode participatif est plus approprié.

Le choix du style de commandement dépend également de l'espace de liberté dont l'individu espère disposer et de ses attentes en matière de direction. Aime-t-il prendre des initiatives, avoir des responsabilités ? Possède-t-il les qualités nécessaires lui permettant de supporter des situations peu structurés et de tolérer l'ambiguïté qui en découle ? Ou bien préfère-t-il être un exécutant fidèle appliquant les directives qui lui ont été données dans les limites d'un cadre précis ? Selon la réponse donnée, le style de commandement penchera soit vers une style directif, cas d'un subordonné qui aime des règles précises, soit vers un mode plus participatif, cas d'un subordonné qui aime prendre des initiatives.

Le style de commandement découle enfin de la situation. L'urgence d'un problème, par exemple, peut nécessiter de la part du dirigeant une réponse rapide, prise unilatéralement pour gagner du temps, même s'il aurait adopté une démarche concertée dans d'autres circonstances. De même, les règles du jeu organisationnel, la culture, la tradition influent sur le degré de participation des acteurs à la prise de décision et d'autonomie dont ils peuvent bénéficier. Enfin, la formation, l'expertise et les compétences de ces derniers influence la marge de liberté que le dirigeant peut leur accorder.

V. – **Le changement**

Le changement organisationnel a pour but de modifier les croyances, les attitudes, les structures des organisations afin que ces dernières puissent s'adapter aux évolutions de leur contexte. Il consiste en la gestion de la transition d'une organisation d'un état A vers un état B. Les démarches mobilisées pour effectuer un changement organisationnel sont généralement systématiques, planifiées, mises en œuvre sur une longue période, privilégiant l'apprentissage des acteurs et bénéficiant du recours d'un « agent » ou « catalyseur » du changement ; la tâche de ce dernier étant de suivre et de guider le changement. Elles suivent plusieurs étapes : collecte d'information auprès des acteurs impliqués dans le changement, analyse de l'information et restitution aux acteurs concernés, travaux de groupe sur l'information collectée et analysée, diagnostic du problème de changement, plan d'action, mise en œuvre, suivi.

D'autres démarches moins systématiques existent et sont parfois employées. Elles consistent à créer des conditions facilitantes permettant aux acteurs de trouver des voies nouvelles qui ne découlent pas forcément d'un processus systématique. Toutefois, il s'agit là de cas peu fréquents que nous n'aborderons pas afin de se concentrer sur les démarches plus communément employées.

Le changement organisationnel passe par trois phases essentielles : le « dégel » des anciennes valeurs, habitudes, croyances, structures ; le « changement », c'est-à-dire l'apprentissage de nouvelles manières de faire, de voir les choses ; le « gel » des attitudes et habitudes nouvellement acquises. Différentes méthodes, qui suivent sous une forme ou sous une autre les trois phases précédentes, sont utilisées.

La plus connue est celle des groupes de confrontation, inspirée à l'origine par Beckard[1]. Le déroulement de cette approche peut se résumer de la manière suivante : 1° mise en place du climat de travail. Pour ce faire, les raisons du changement recherché et l'importance de ce dernier est rappelé à l'ensemble des participants. Il s'agit de préparer et de sensibiliser ces derniers à l'importance du travail à accomplir ; 2° recueil d'informations. Les participants sont répartis en petits groupes sur la base de la plus grande homogénéité en termes de statut et de la plus grande hétérogénéité en termes de fonctions ; le but ici étant de créer la plus grande diversité d'opinions et d'expériences possibles tout en facilitant la communication entre personnes de statut équivalent. Les groupes ont pour tâche d'analyser les problèmes qui se posent à l'organisation et d'envisager des voies de changement ; 3° mise en commun des réflexions de chaque groupe. Cette étape doit permettre l'échange et la confrontation d'idées et de manières différentes de faire dans le but de faire émerger des solutions qui seront acceptées de tous ; 4° établissement de priorités et détermination de plans d'action. Lors de cette phase, les participants se regroupent entre membres d'une même fonction, c'est-à-dire sur la base de la plus grande homogénéité en termes de spécialisation et en conséquence d'une certaine hétérogénéité en termes de statut. Les groupes, ainsi formés, analysent l'impact que le changement pourrait avoir sur leurs domaines respectifs et doivent établir une ébauche de plan ; 5° proposition

1. R. Beckard, *Le développement des organisations, stratégies et modèles,* Paris, Dalloz, 1975.

d'un plan d'action. Seuls les responsables du plus haut niveau, à ce stade, se réunissent pour sélectionner un plan d'action ; 6° enfin, un suivi des actions qui appuient le changement est mis en place. Pour ce faire, les participants se réunissent régulièrement pour faire le point sur l'avancement du plan et y apporter les infléchissements nécessaires.

L'intérêt de cette démarche est d'introduire rapidement un changement dans l'organisation avec la participation de ses membres et d'éviter ainsi des blocages dus à des problèmes de communication ou d'incompréhension. Cette démarche facilite aussi la mise en œuvre dans la mesure où ceux qui agiront sont aussi ceux qui ont pensé et planifié. Toutefois, la rapidité de l'analyse peut mener à des solutions approximatives et donner une impression de bâclage entraînant chez les participants un sentiment de frustration. Afin de remédier à cela, d'autres démarches s'articulant autour de phases similaires de celles qui ont été décrites plus haut ont été développées. Parmi elles, la plus connue est l'enquête rétroaction *(survey feedback)* qui consiste à substituer à la phase de diagnostic une enquête auprès du plus grand nombre d'acteurs possible de l'organisation afin d'identifier les problèmes clés qui se posent et les voies de changement pour y remédier. Il s'agit ensuite de procéder, comme dans la démarche précédente, à une succession de travaux de groupe et de mises en commun des réflexions. Le temps nécessaire à cette démarche, qui implique un grand nombre d'acteurs, est longue. Plusieurs mois, voire plusieurs années peuvent s'écouler. Sa gestion est lourde et risquée du fait de la démobilisation qui se crée avec la durée.

Au-delà des démarches mobilisées dans le changement organisationnel, un objectif demeure : changer l'organisation de manière ordonnée afin de lui éviter un fonctionnement erratique sujet à l'évolution d'un contexte non maîtrisé. La gestion du changement est de ce fait un élément important du management si l'on souhaite que l'organisation puisse s'adapter.

Avec ce dernier thème, le changement, nous terminons l'étude de l'activation. Nous allons aborder à présent le contrôle, étape importante qui doit nous aider à suivre et à piloter l'ensemble des efforts qui tendent vers les objectifs que l'organisation s'est donnée.

Chapitre IV

LE CONTRÔLE

« Je veux être maître de moi, à tout sens. La sagesse a ses excès et n'a pas moins besoin de la modération que la folie. »

Montaigne.

Contrôler, vérifier, guider, piloter visent à assurer que les résultats soient conformes aux objectifs. Un suivi régulier des opérations en cours et une anticipation de leur conséquences permettent au gestionnaire de mettre en œuvre les actions correctives nécessaires au bon fonctionnement de l'organisation. Le contrôle est un processus dont les fondements reposent aussi bien dans les actions passées que dans le futur. C'est un processus à la fois actif et réactif. Actif, dans la mesure où des actions de correction sont prises avant même que les conséquences de certaines décisions aient pu se faire sentir. Réactif, lorsque les résultats sont connus et définitifs et que la correction ne peut porter que sur de nouvelles opérations.

Le contrôle, en tant que phase intégrante du management (voir fig. 9), sous-tend ce dernier. La planification donne des indications sur les objectifs poursuivis par l'organisation ainsi que sur la mise en œuvre des actions qui sont adoptées pour les atteindre. L'organisation permet de fournir le support structurel nécessaire à la réalisation des objectifs. L' « activation » fait vivre cette structure et anime les hommes. Le contrôle, quant à lui, a pour vocation de vérifier que tous les efforts déployés concourent à la réalisation de l'objectif.

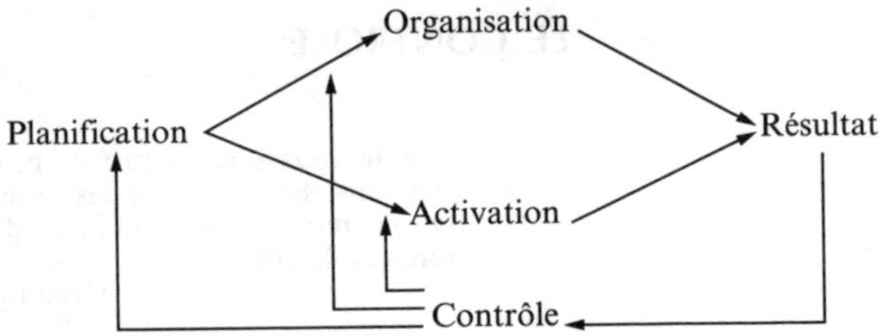

Fig. 9. — Le contrôle
dans le processus de management.

Dans ce chapitre nous allons décrire, de façon détaillée, ce que l'on entend par processus de contrôle, et mettre en évidence les différents types de correction que l'on rencontre dans les organisations. Puis nous étudierons chaque phase du contrôle : fixation de standards, mesure et communication des résultats, action corrective, et essaierons d'en dégager leurs spécificités essentielles. Enfin, nous ferons porter notre attention sur l'organisation du contrôle tout en mettant l'accent sur ses liens avec la planification, la structure et sur l'impact qu'il exerce sur le comportement des hommes.

I. – Les différents types de contrôle

Selon les modes et les époques, différentes approches du contrôle ont été proposées. Ces différentes approches sont le reflet de la diversité des écoles de management que nous avions évoquées en introduction. Parmi elles, et de façon stéréotypée, deux orientations principales s'opposent et se détachent : il s'agit du contrôle dans les organisations « classiques »[1] et du contrôle dans les organisations « cybernétiques »[2].

D'après l'approche classique, une « bonne » organisation doit rechercher la simplicité dans les structures et favoriser le contrôle. Pour ce faire, la parcellisation des tâches combinée à un système formel d'autorité et de responsabilité doit permettre un suivi précis du travail à accomplir. Dans cet esprit, une attention particulière est portée à la détection des erreurs et leur correction une fois qu'elles sont apparues. Le contrôle va s'appuyer sur les seules observations chiffrées disponibles supposées sans biais et, par conséquent, perçues comme étant « objectives » ; observations fournies par le système d'information comptable. Le contrôle « classique » est, ainsi, certain, rationnel, et espère disposer d'une information suffisante pour associer le résultat à son responsable. La vue mécaniste de l'organisation et des hommes qui la composent, les hypothèses de rationalité, de certitude, de clarté de la structure, de neutralité de l'information sont néanmoins des raccourcis simplificateurs de la réalité et posent, de par là même, les limites de cette conception du contrôle.

1. Voir, à cet effet, Fayol et Taylor, *op. cit.*
2. Nous aborderons plus loin une forme du contrôle à la dimension humaine est pleinement prise en considération, et à son insertion dans le processus global du management est recherchée.

À l'opposé de cette approche se trouve ce que nous avons appelé le contrôle dans les organisations cybernétiques. La cybernétique, dont les travaux d'auteurs tels que Wiener[1], Beer[2] et Ashby[3] marquent une étape importante dans son développement, s'intéresse plus particulièrement à la régulation dans les êtres vivants et les machines. Selon cette approche, il s'agit de construire des organisations composées d'unités autocontrôlées à l'aide de boucles rétroactives d'information. Ces unités décèlent les besoins de correction, et initient la mise en œuvre de cette dernière de manière automatique. Dans ce même ordre d'idée, nous trouvons le contrôle heuristique : contrôle pour lequel l'organisation a été construite de telle manière à trouver et à apprendre à trouver les solutions aux problèmes auxquels elle peut être confrontée. Il s'agit, ici, d'un contrôle implicite très éloigné de celui de l'approche classique, rigide et traditionnelle. Ces deux types de contrôle s'opposent au même titre qu'une horloge (système fermé et déterminé) s'opposerait à une cellule vivante (système ouvert et en évolution).

1. **Le processus de contrôle.** – Le contrôle au sein des organisations et dans la vie de tous les jours a toujours existé. Ce dernier, effectué de manière informelle, ou plus exactement en dehors de tout proces-

1. N. Wiener, *Cybernétique et société. L'usage des êtres humains* (1967), Paris, UGF, 1971.
2. S. Beer, *Decision and Control. The Meaning of Operational Research and Management Cybernetics,* London, Wiley, 1966.
3. R. Ashby, *An Introduction to Cybernetics,* London, Chapman & Hall, 1973.

sus préétabli, prend généralement la forme d'un engagement direct et physique du contrôleur dans le suivi d'une opération. Par exemple, on contrôlera chaque mois sa situation bancaire ou le niveau d'huile de sa voiture afin d'apporter, si c'est nécessaire, les corrections indispensables. Dans une entreprise, le dirigeant évaluera, par exemple, le niveau de ses stocks et son carnet de commandes afin de procéder à une campagne promotionnelle, pour écouler les produits en excédent, ou réaliser l'embauche de nouveaux personnels, afin de faire face à une charge de travail accrue. Toutefois, si le contrôle direct est suffisant pour des organisations simples et de petite taille, une complexité grandissante réclame un formalisme accru des procédures afin d'améliorer la maîtrise des opérations.

Trois phases essentielles existent dans tout processus de contrôle : premièrement, la sélection du standard et la fixation de son niveau (phase 1 de la figure 10), par exemple, un chiffre d'affaires (standard) de 10 millions de francs (niveau) ; deuxièmement, la comparaison entre le résultat observé et le standard (phase 2 de la figure 10), par exemple, un résultat de 9 millions de francs comparé à un niveau de 10 millions ; troisièmement, l'action corrective, c'est-à-dire la mise en œuvre de tous moyens permettant de ramener le résultat au niveau de l'objectif désiré ou, éventuellement, de réviser ce dernier (phase 3 de la figure 10), par exemple, un renforcement de l'effort de vente. La comparaison (phase 2, figure 10) des résultats aux objectifs entraîne l'action corrective qui s'exerce, pour l'essentiel, sur les variables contrôlables des opérations,

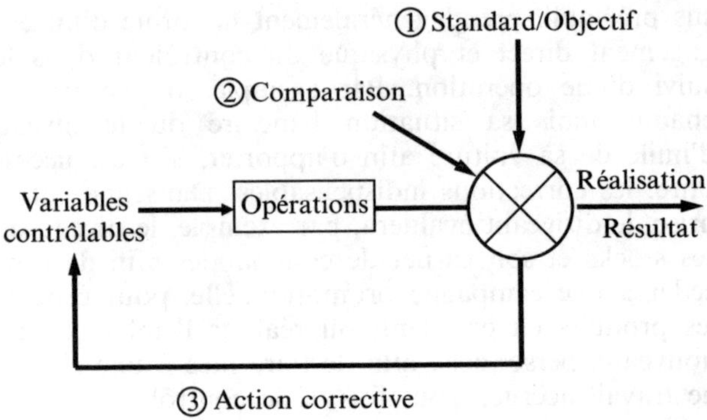

Fig. 10. — Le processus de contrôle[1].

1. D'après Y. Enrègle et R.-A. Thiétart, *Précis de direction et de gestion, op. cit.*

tout en n'excluant pas, cependant, les opérations elles-mêmes.

Ces trois phases recouvrent les deux éléments principaux que l'on retrouve en théorie du contrôle et qui peuvent être définis comme étant la perception et la réaction. Où regarder, combien de fois regarder, qu'attend-on trouver et que doit-on faire sont autant de questions que l'on doit se poser au cours de ces phases, et ce quel que soit le type de contrôle utilisé.

2. **Du contrôle anticipé au contrôle *a posteriori*.** – Les différents types de contrôle peuvent s'articuler en trois grandes catégories : le contrôle anticipé, le contrôle « tout ou rien » et le contrôle *a posteriori*.

Dans le contrôle anticipé[1], les résultats sont prédits et l'action corrective mise en œuvre avant que l'opération soit entièrement terminée. Par exemple, une prévision de l'évolution des ventes inférieure à l'objectif peut ainsi entraîner l'accroissement de la pression exercée sur les vendeurs. La multiplication de pannes mineures sur les machines d'un atelier peut aussi inciter à une amélioration de la maintenance afin d'éviter un incident technique probable plus grave. Dans le contrôle « tout ou rien », plus facile à mettre en œuvre mais plus formalisé, l'opération n'est accomplie qu'après être passée avec succès au travers d'un processus de filtrage. Par exemple, dans certains processus de production, la qualité d'un produit est vérifiée à chaque étape de la fabrication. Le produit ne peut passer à l'étape suivante s'il n'a pas reçu le « feu vert » du contrôle de qualité. Dans ce type de contrôle la détermination des points de vérification se révèle ainsi être d'importance majeure. Enfin, dans le contrôle *a posteriori,* bien connu des entreprises sous la forme du contrôle budgétaire, les résultats sont comparés au standard une fois que la tâche a été accomplie. Il ne s'agit plus ici d'anticiper l'évolution de certains éléments ou de filtrer les différentes étapes d'un processus, mais de vérifier si les résultats sont conformes

1. A. C. Filley *et al.*, dans *Managerial Process and Organizational Behavior, op. cit.*, et W. H. Newman, dans *Constructive Control,* Englewood Cliffs, NJ, Prentice Hall, 1975, suggèrent l'intérêt d'un tel contrôle, s'appuyant pour ce faire sur une analogie avec les systèmes physiques dont la qualité de fonctionnement dépend de l'anticipation que l'on peut faire des résultats et de la rapidité de la correction mise en œuvre.

aux objectifs. Les revenus insuffisants obtenus par un club sportif des cotisations de ses membres peuvent entraîner un accroissement du montant des cotisations de l'année à venir. Ainsi, dans ce type de contrôle, n'essaie-t-on pas d'influer sur le déroulement de l'opération en cours mais d'améliorer le fonctionnement d'activités futures.

3. **Du contrôle opérationnel au contrôle stratégique.** – Selon la nature de la tâche contrôlée, selon l'importance de l'objectif poursuivi, selon le degré de répétitivité des opérations, il est nécessaire de mettre en œuvre des modes de correction adaptés. C'est ainsi que le contrôle d'opérations répétitives sera différent du contrôle de projets (opérations uniques), lui-même différent du contrôle des ressources (humaines, financières, techniques), diffèrent, à nouveau, du contrôle de la stratégie (ou contrôle de la réalisation des objectifs généraux de l'organisation et de ses politiques de mise en œuvre).

Les opérations répétitives, qui se rencontrent généralement dans les processus de transformation tels que ceux touchant les matières premières, l'énergie ou l'information, favorisent la mise en place de procédures, de programmes, de politiques dont le but essentiel est de faciliter le contrôle en minimisant les coûts et les risques d'erreurs. Ainsi, dès qu'une déviation entre objectif et résultat est détectée, une action corrective est mise en œuvre selon une politique préétablie. Toutefois, la difficulté d'envisager toutes les formes d'actions possibles rend nécessaire le recours à un autre type de contrôle : le contrôle par exception. Lorsqu'un problème, non prévu dans les politiques de contrôle, apparaît, un appel au responsable de l'opération est effectué. Le responsable, selon la situation, prend alors les décisions de correction qui s'imposent. Un juste milieu entre politique et recours à un responsable doit être trouvé, afin de minimiser les coûts de mise en œuvre et utiliser ainsi au mieux les ressources de l'organisation.

À l'opposé du contrôle des opérations répétitives se trouve le contrôle de projets. Dans les projets pour lesquels l'objectif est clairement défini, ce qui importe est de s'assurer que les tâches soient accomplies dans les limites des ressources disponibles. Le contrôle, dans cet esprit, va s'effectuer selon deux dimensions : le temps et les ressources. La construction d'une tour de 100 étages ou d'une fusée est un projet dont le temps de réalisation est l'un des éléments critiques. Afin de contrôler ce dernier, il est nécessaire, premièrement, de diviser le projet en étapes intermédiaires ; deuxièmement, de définir l'ordre des étapes afin de déterminer les tâches qui peuvent être réalisées de façon parallèle ; troisièmement, d'affecter un responsable à chaque étape ; quatrièmement, d'établir les ressources nécessaires et leur temps d'acquisition ; et, enfin, d'évaluer le temps d'accomplissement de chaque étape ainsi que les dates précises de leur réalisation.

Deux méthodes sont généralement utilisées pour contrôler le temps : les diagrammes de Gantt et de Pert. Les diagrammes de Gantt, bien connus des responsables de production, permettent de visualiser l'avancement des travaux et de le comparer aux prévisions. La méthode Pert est une méthode d'optimisation permettant de minimiser le temps de réalisation total du projet et de mettre en évidence les goulets d'étranglement éventuels qui devront, de ce fait, faire l'objet de la plus grande attention[1].

Pour les projets où la décomposition hiérarchique des tâches est plus difficile, tel le cas de projets d'innovation, un contrôle simple, laissant une latitude appréciable aux actions de correction mises en œuvre par un responsable (le chef de projet), est mieux adapté.

La stratégie, compte tenu de son aspect prospectif, du temps important qui s'écoule entre le moment où elle est formulée et l'instant où elle commence à porter ses fruits, de la dilution relative des responsabilités, du caractère aléatoire de l'environnement dans lequel elle se situe, de sa nature dynamique, réclame un contrôle différent de ceux abordés précédemment. Ce contrôle peut prendre des formes diverses. Tout d'abord, il peut s'exercer sur les résultats. Il s'agit du contrôle *a posteriori* tout à fait classique. Ensuite, le contrôle peut porter sur la manière dont la stratégie a été élaborée. On va vérifier ainsi si la démarche suivie pour l'élaboration de la stratégie est logique, si les étapes ont bien été suivies, si rien n'a été omis. Il s'agit ici d'un contrôle en amont visant non seulement à s'assurer que le processus de formulation de la stratégie a bien été respecté, mais aussi que ce dernier s'insère harmonieusement aux autres éléments du ma-

1. Le contrôle du temps est toutefois insuffisant si l'on ne peut contrôler aussi les coûts associés aux ressources nécessaires à la réalisation du projet. On pourrait, en effet, multiplier les ressources afin de rester dans les limites de temps prévues. Afin de faire face à ce problème, une méthode d'optimisation, dérivée de la précédente, a été développée. Il s'agit du Pert-Coût. Cette méthode, comme son nom l'indique, permet de trouver un juste équilibre entre le temps nécessaire à la réalisation d'un projet et son coût.

nagement. Toutefois, ce type de contrôle n'est pas toujours pleinement satisfaisant. Il s'agit en effet d'un contrôle *a priori* et statique, et par conséquent bien éloigné de ce que doit être un contrôle stratégique, à savoir dynamique et prospectif.

Le contrôle des hypothèses de base et des prévisions sur l'évolution de l'environnement est d'un complément intéressant. Il s'agit, pour ce faire, de vérifier de manière périodique ou lors de toute autre circonstance si, d'une part, les hypothèses de base relatives à la concurrence, aux ressources, au taux de croissance, etc., doivent être modifiées et si, d'autre part, les prévisions faites sur l'environnement : PNB, inflation, situation sociale, etc., doivent être réévaluées. Une modification des hypothèses ou des prévisions relatives à l'environnement peut mener à un changement de stratégie.

Si la stratégie antérieurement définie se justifie toujours compte tenu de l'évolution du contexte, cette dernière est conservée. En revanche, si cette même stratégie est en décalage avec les prévisions d'évolution, alors elle doit être ré-évaluée.

Cette dernière remarque met bien en évidence les spécificités du contrôle stratégique et ses similitudes avec les autres types de correction ; similitudes qui reposent dans les caractéristiques mêmes de chacune des phases du contrôle, que nous allons à présent étudier.

II. – Les phases du contrôle

Le contrôle se décompose, comme nous l'avons rappelé, en trois phases : la fixation des standards, la mesure et la communication du résultat, l'action corrective.

1. **La fixation des standards.** – Un standard est un élément de référence auquel est comparé le résultat. Le résultat, toutefois, a rarement un caractère unidimensionnel. Un résultat de production peut ainsi porter sur le volume de fabrication, les délais, les coûts. Rapidement le nombre d'éléments à prendre en considération peut devenir prohibitif, et la tâche de contrôle impossible. Une sélection parmi l'ensemble des éléments s'impose. Afin de procéder au choix qui permettra d'établir les standards à retenir, plusieurs règles sont généralement suivies. Premièrement, un standard doit être élaboré en fonction du résultat souhaité. Deuxièmement, le standard doit se rapporter à un élément important dont l'existence conditionne le succès de l'ensemble. Troisièmement, le standard doit être une synthèse de plusieurs observations, afin d'éviter une dispersion de l'attention que le gestionnaire pourrait être amené à porter à de multiples informations. Enfin, un responsable précis doit être associé au standard. Cette association, en effet, incite le gestionnaire responsable à mettre en œuvre une action corrective rapide et appropriée.

Au-delà de ces règles deux remarques s'imposent. Tout d'abord une certaine latitude d'action et une souplesse dans l'élaboration des standards doivent être tolérées, afin de prendre en compte les conditions changeantes auxquelles une opération peut être soumise. Cependant, s'il doit être flexible, le standard ne doit en aucune circonstance varier sans motif valable, afin de ne pas porter préjudice au contrôle lui-même. Aussi un délicat équilibre doit être trouvé. La deuxième remarque a trait à l'utilisation de standards qualitatifs. Des éléments qualitatifs, tels que la satisfaction des travailleurs ou l'impact d'une campagne publicitaire d'un concurrent, permettent de pondérer l'action corrective et d'établir une réponse adaptée. Sous forme de standard, difficile à établir, les éléments qualitatifs contribuent de manière appréciable au contrôle, offrant un complément important à la compréhension et au suivi des opérations. Le problème réel d'interprétation, incitant le gestionnaire à privilégier les seuls éléments quantifiables au détriment des variables qualitatives, demeure. Il s'agit d'une contrainte majeure qu'il faut essayer de relaxer, dans l'intérêt même d'un contrôle de qualité. Ce problème nous amène logiquement au point suivant : la mesure du résultat et sa communication.

2. **La mesure et la communication du résultat.** – La mesure du résultat, pour être pleinement profitable, doit posséder certaines caractéristiques. Elle doit tout d'abord, comme on peut s'y attendre, être utile, c'est-à-dire être adaptée au responsable concerné, afin d'induire chez ce dernier un comportement en cohérence avec les actions que l'organisation souhaite voir mises en œuvre. Elle doit ensuite être fiable. Afin de pouvoir faire des comparaisons au cours du temps, il est nécessaire que les résultats soient mesurés de manière homogène. Cette condition, généralement remplie pour les standards « quantitatifs », pose des difficultés lorsque l'on utilise des standards « qualitatifs ». En effet, les procédés de mesure, pour ce type de standard, sont peu définis ou, tout au moins, sujets à diverses manipulations. La mesure du résultat doit également être actuelle. Un chiffre d'affaires connu avec un an de retard n'a aucun intérêt et peut, de plus,

mener à des effets négatifs issus d'actions correctives mal adaptées. Enfin, la mesure doit être économique. Il y a un coût d'information. Tout mesurer et parfaitement mesurer est, dans certaines circonstances, inutile. Un juste équilibre entre trop et pas assez mesurer doit être trouvé en retenant comme seul critère le coût de l'information et son utilité.

Plusieurs méthodes sont utilisées pour procéder aux mesures. La plus simple repose dans l'observation des données quantitatives : financières, comptables, de production, etc. Toutefois, un recours excessif à cette méthode est dangereux dans la mesure où un contrôle ne porte pas uniquement sur des éléments chiffrés, mais aussi sur tout un ensemble de facteurs difficilement quantifiable. La solution de facilité consistant à ne mesurer que ce qui peut être chiffré est de ce fait à proscrire. La deuxième méthode fait appel à l'utilisation d'indices prémonitoires, annonciateurs d'ennuis plus sérieux. Par exemple, un taux d'accident élevé dans un atelier peut être le symptôme de conditions de travail insatisfaisantes. Là encore, le recours à une telle démarche doit être fait avec prudence. En effet, le symptôme peut être le simple fruit de causes externes non contrôlables et, parfois, sans rapport avec le résultat visé. La troisième méthode, moins formalisée, consiste en des observations directes et en des contacts personnels. Le contact personnel permet de faire le point sur la situation et de sentir les problèmes potentiels qui peuvent se faire jour. L'observation directe permet, également, un contrôle du système de contrôle lui-même ; le responsable pouvant confronter ses observations aux informations qui lui sont communiquées. La quatrième méthode a trait à la prévision des résultats permettant la mise en œuvre d'actions correctives avant que l'opération ne soit entièrement terminée. La prévision remplace, ici, la mesure de données définitives et facilite une réaction rapide à toute évolution défavorable des opérations. Enfin, la dernière méthode est relative à l'échantillonnage et au contrôle statistique pour lesquels seul un échantillon représentatif d'une population sert de base à la mesure. La mesure étant effectuée, il s'agit à présent de la communiquer.

La forme des supports de communication, les personnes touchées, les délais vont conditionner la correction et sa mise en œuvre. En règle générale, la mesure du résultat doit être communiquée en priorité aux personnes qui peuvent agir sur ce dernier. La rapidité d'action est, en effet, l'un des critères de succès du contrôle. En aucun cas faudra-t-il éviter la personne concernée pour s'adresser directement au supérieur hiérarchique. Ce dernier, toutefois, recevra des informations condensées et n'interviendra que si une demande lui est faite ou si la situation est suffisamment grave pour justifier son intervention.

L'un des problèmes, néanmoins, concerne l'équilibre délicat qui doit être trouvé entre une information suffisamment abondante et une information trop diversifiée afin qu'elle puisse être facilement « digérée ». Un accord entre quantité d'information et capacité d'absorption du récepteur doit être respecté. Un autre problème concerne les délais de communication. Tous les systèmes d'information connaissent des délais de communication. Ces délais sont dus au temps passé à la prise d'information, à son traitement et à sa communication proprement dite. Ces délais créent, généralement, des instabilités au sein du système contrôlé. En effet, une action corrective mise en œuvre avec retard, du fait d'un délai dans la communication de l'information, peut être effectuée au moment où elle n'est plus nécessaire et perturber le résultat plutôt que le guider vers l'objectif désiré. Ce dernier point nous mène tout naturellement à la troisième phase du contrôle : l'action corrective.

3. **L'action corrective.** – Il existe différentes actions correctives. La première est relative à la modification de l'objectif, et porte ainsi indirectement sur une modification des actions mises en œuvre. La seconde vise à infléchir le résultat projeté (cas du contrôle anticipé) ou à influer sur des résultats futurs (cas du contrôle *a posteriori*). La troisième enfin peut consister à ne rien faire ; un écart entre objectif et résultat pouvant être simplement dû à un phénomène conjoncturel.

Quelle que soit la forme de l'action corrective adoptée, elle doit posséder un certain nombre de caractéristiques. Tout d'abord, la correction doit être rapide. Un bon contrôle doit rendre compte des déviations entre standard et résultat aussitôt qu'elles apparaissent. Malheureusement, dans bien des cas, la détection, l'interprétation et la transmission de l'information prennent du temps. Aussi est-il nécessaire de connaître la période de temps acceptable entre l'apparition d'un dérèglement du système et sa correction. Sans prise en compte de ce délai acceptable, l'action corrective mise en œuvre avec retard risque d'être préjudiciable au fonctionnement du système sous contrôle. La seconde caractéristique est relative aux éléments qui influent sur l'évolution du résultat (récompense, menace, ordre, etc.). L'utilisation d'un élément non directement ou mal relié au résultat peut être, à la fois, inefficace et coûteux. Enfin, une correction modérée doit être de rigueur. Avec l'action corrective, nous terminons l'étude du processus de contrôle. Il s'agit, à présent, d'analyser les conditions favorisant la mise en œuvre de ce processus sur le plan organisationnel et sur le plan humain.

III. – L'organisation du contrôle

Le contrôle, plus que toute autre fonction du management, suscite chez les femmes et les hommes une méfiance certaine et induit parfois des comportements néfastes à la bonne marche de l'organisation. Au-delà, des réactions des personnes au contrôle, des règles facilitant la mise en œuvre de corrections adaptées aux plans, aux structures et aux styles de direction en vigueur dans l'organisation, doivent être adoptées.

1. **La réaction des hommes au contrôle.** – Comme le fait remarquer Argyris[1], l'organisation formelle peut être perçue comme étant un moyen tendant à accroître la dépendance et la soumission des hommes à l'organisation. En réponse à cette pression, les individus réagissent, dans certains cas, par un absentéisme plus important, en quittant l'organisation, en militant au sein d'un syndicat ou, tout simplement, par l'apathie. Les responsables (contrôleurs) tendent à considérer ces activités informelles comme étant le fruit de

1. C. Argyris, *Integrating the Individual and the Organization*, New York, Wiley, 1964.

personnes irresponsables plutôt que comme des réactions au contrôle. Afin de remédier à cet état de fait, les contrôleurs vont mettre en œuvre une action corrective qui tend à accroître plus encore le sentiment de dépendance et de soumission des personnes qui réagissent à leur tour en accroissant leur activité informelle et leur comportement défensif.

D'autres exemples, illustrant les réactions négatives au contrôle, abondent. Tel est le cas de travailleurs rémunérés à la pièce limitant leur production dans la crainte de voir leur taux de rémunération réduit[1]. Tel est le cas, également, de responsables de service utilisant des ressources extérieures ou destinées à d'autres fins, sans autorisation, afin d'améliorer leur résultat apparent[2]. Tel est, enfin, le cas de directeurs d'usine qui, grâce à la connivence de certains contrôleurs, sont capables d'éviter le contrôle effectué sur les coûts de production. Des observations similaires ont été faites sur des individus aussi différents que des représentants de la force publique[3] et des ouvriers, ainsi que dans d'autres systèmes économiques. Berliner[4], Granick[5] et Richman[6], par exemple, ont pu constater dans des usines soviétiques que le système de contrôle poussait les responsables à atteindre les objectifs de pro-

1. D. F. Roy, Efficiency and the fix, *American Journal of Sociology,* nov. 1954.
2. M. Dalton, *Men who Manage,* New York, Wiley, 1956.
3. P. Blau, *The Dynamics of Bureaucracy,* Chicago, University of Chicago Press, 1955.
4. J. S. Berliner, A Problem in soviet business management, *Administrative Science Quaterly,* 1, 1956.
5. D. Granick, *The Red Executive,* Garden City, NJ, Doubleday, 1960.
6. B. M. Richman, *Soviet Management*, Englewood Cliffs, NJ, Prentice Hall, 1965.

duction. À cette fin, ces mêmes responsables négligeaient les réparations et les entretiens préventifs. Quelque temps après, les pannes commençaient à intervenir du fait du mauvais entretien passé, et le volume de production baissait. Quant aux responsables, ces derniers avaient été promus et récompensés pour leurs bons résultats apparents avant que les ennuis commencent, et se trouvaient parfois à des milliers de kilomètres.

Dans tous les exemples précédents, les individus tendent à éviter le contrôle qui leur est imposé tout en laissant croire, toutefois, qu'ils s'y plient, au détriment de l'organisation tout entière et sans prise en compte des coûts indirects qu'ils peuvent générer[1].

Comme le suggèrent Zaleznik et Moment[2], les hommes vont développer leurs propres normes qui peuvent être différentes de celles des supérieurs, et exerceront sur les membres de leur groupe des pressions afin d'assurer la conformité de ces derniers aux standards implicites qu'ils ont établis. Les cadres, eux-mêmes, ne sont pas épargnés par ces réactions négatives au contrôle, comme le fait remarquer Simon[3]. Dans certaines circonstances, telles que le doute sur la fiabilité des données, les cadres ont tendance à refuser de croire en la validité et en la capacité des standards à mesurer

1. V. F. Ridgeway, Dysfunctional consequences of performance measurements, *Administrative Science Quaterly,* 2, 1956, étudie en détail l'impact que la mesure de la performance d'un individu peut avoir sur son comportement.

2. A. Zaleznik et D. Moment, *The Dynamics of Interpersonal Behavior,* New York, Wiley, 1964.

3. H. A. Simon *et al., Centralization versus Decentralization in Organizing the Controller's Department,* Report of Controllership Foundation, 1954.

leur performance. Ils continuent toutefois à respecter ces derniers par crainte de réactions de leurs supérieurs. Une autre réaction classique, qui a pu être observée chez certains cadres opérationnels, consiste à modifier le système de mesure des résultats et à transmettre une information déformée. Enfin, moins préjudiciable au fonctionnement de l'organisation, la réaction consistant à chercher des causes externes incontrôlables pouvant expliquer un résultat défavorable peut être aussi notée.

La pression constante exercée par un contrôle peut ainsi mener à l'érosion graduelle d'une démarche rationnelle remplacée peu à peu par la méfiance et par des activités informelles. Afin d'y remédier, plusieurs approches existent permettant d'amoindrir ces réactions négatives.

2. **La mise en œuvre du contrôle.** – Éviter les effets pervers du contrôle, tel est l'objectif d'un certain nombre de démarches. L'approche dite du niveau d'aspiration, proposée par Stedry[1], suggère ainsi d'établir l'objectif en fonction du niveau d'aspiration du travailleur. Dans ces circonstances, l'effort demandé correspond à ce que le travailleur désire psychologiquement réaliser. L'approche par le contrôle de la variance développée par Miles et Vergin[2] suggère de faire porter l'attention sur la variation de la performance d'une période par rapport à la suivante plutôt que sur des niveaux absolus de résultat. Cette

1. A. Stedry, *Budget Control and Cost Behavior,* Englewood Cliffs, NJ, Prentice Hall, 1960.
2. R. E. Miles et R. C. Vergin, Behavioral properties of variance controls, *California Management Review,* 3, 1966.

démarche empêche ainsi la fixation de standards inflexibles, et prend en compte les variations normales de la performance individuelle. Toutefois, cette approche est limitée au seul contrôle statistique dont les applications nécessitent une stabilité, une continuité et une répétitivité des opérations et de l'environnement. Enfin, l'approche participative part de la constatation que la plupart des décisions sont prises par les opérationnels et non par les fonctionnels, et qu'en conséquence les opérationnels à tous les niveaux doivent participer à l'ensemble du processus de contrôle. McGregor[1], de son côté, fait remarquer que dans l'approche participative, les hommes, influençant le choix et la fixation du niveau des standards, sont prêts à accepter la fiabilité des mesures ainsi que le réalisme des objectifs. La participation au contrôle tend, ainsi, à induire chez les personnes une forte motivation pour la réalisation des objectifs et à réduire les sources de conflit grâce à l'amélioration de la communication.

Dans une enquête réalisée auprès de plusieurs entreprises[2], on a pu trouver que les conditions d'une participation réelle étaient les suivantes : établissement des standards selon un processus de négociation normal entre le supérieur et ses collaborateurs ; jugement fondé sur la connaissance intime des problèmes opérationnels ; perception du standard comme étant un compromis entre une prévision et un engagement personnel. Dans ces circonstances, les normes de contrôle sont le reflet, à la fois, de ce que l'opérationnel pense

1. D. McGregor, *op. cit.*
2. Il s'agit d'une étude réalisée par H. A. Simon *et al., op. cit.*

pouvoir réaliser, et de ce qu'il accepte essayer de faire. Comme le fait remarquer Likert[1], il s'agit ici de retirer du contrôle sa connotation punitive et négative, et de permettre à chaque travailleur une meilleure maîtrise des opérations.

Au-delà des approches facilitant la mise en œuvre du contrôle et en particulier celle faisant appel à la participation, un autre problème d'importance demeure : il s'agit de l'adéquation du contrôle aux autres éléments du management.

3. **Le contrôle et le management**. – La recherche d'un équilibre entre le contrôle, l'organisation, l'activation et la planification est une condition nécessaire à la mise en œuvre d'un management de qualité. À cet effet, plusieurs questions se posent. Quel contrôle adopter selon le degré de centralisation de la structure ? Comment associer le contrôle aux plans ? En quoi le style de direction influe-t-il sur le type de contrôle à adopter ?

Un responsable est toujours pris entre le désir de déléguer une partie de ses tâches, lui permettant d'alléger son travail, et la volonté de conserver la maîtrise des opérations. Au fur et à mesure que la complexité et la diversité des activités s'accroissent, la nécessité de décentraliser les décisions se fait sentir. Mais qui dit décentralisation dit liberté de décision et d'action. Devant cette situation, le responsable se pose généralement la question de savoir comment décentraliser sans perdre le contrôle ?

1. R. Likert, *New Patterns of Management*, New York, McGraw-Hill, 1961.

Lorsque les décisions sont centralisées le responsable tend à exercer un contrôle précis sur tous les aspects de l'activité. Au fur et à mesure que la décision est déléguée, le responsable n'effectue qu'un contrôle sur les aspects essentiels. Toutefois, afin de lui permettre de conserver une maîtrise de l'activité déléguée, des limites s'imposent.

C'est ainsi, par exemple, que l'on fera appel au principe d'exception suivant lequel le supérieur hiérarchique doit être tenu informé de tous les problèmes potentiels qui peuvent se faire jour. On pourra également fixer un cadre précis dans lequel le collaborateur devra opérer. Enfin, il s'agira de limiter la délégation pour les décisions importantes telles que l'engagement de dépenses, les investissements nouveaux, le recrutement de certains personnels, ou toutes décisions pouvant mettre en danger l'organisation.

Le rôle du responsable devient plus celui d'un animateur que celui d'un patron. Son action se situe plus au niveau du conseil et de l'aide qu'il peut apporter qu'au niveau de la sanction qu'il peut infliger, faisant appel pour cela à une sorte d'autocontrôle ou contrôle des subordonnés par eux-mêmes. Toutefois, cette évolution du rôle nécessite qu'une relation de confiance réelle s'établisse entre contrôleur et contrôlé sans laquelle cet exercice demeurerait vain.

Les styles de direction changent selon les individus du fait de systèmes de valeurs différents, de circonstances ou de tâches diverses à accomplir, d'attentes variées, d'habitudes ou d'expériences multiples. C'est ainsi que les styles de direction peuvent aller de la plus grande liberté à l'autoritarisme le plus fort. Selon le style, le contrôle varie. Une direction très libérale aura tendance à exercer un contrôle plus souple que ne le ferait une direction autoritaire. L'incohérence qui pourrait exister, par exemple, entre une direction libérale et un contrôle tatillon pourrait devenir rapidement insupportable pour les personnes qui y sont soumises. Le style de direction doit aussi renforcer le contrôle et non porter à faux. Dans le cas contraire, des réactions négatives telles que celles décrites précédemment peuvent se développer et mener à un fonctionnement insatisfaisant de l'organisation.

Afin de pouvoir disposer d'un management de qualité la planification doit aussi être en accord avec le contrôle. Nous avons vu dans une section antérieure que l'action corrective pouvait porter sur la modification du plan. En effet, dans certaines circonstances, la correction peut ne porter que sur la manière selon laquelle les ressources sont utilisées, c'est-à-dire sur un changement de plan. Ainsi, une action publicitaire qui ne porterait pas les fruits attendus se verrait imposer des modifications importantes lors d'une nouvelle tentative. Les enseignements tirés du premier échec servent ici à apporter des changements au nouveau plan d'actions. Les résultats du contrôle mènent de ce fait à une évolution du plan qui peut entraîner à son tour une transformation de la structure et du style de direction[1]. Tou-

1. Une transformation de la structure et du style de direction étant lourde de conséquences, ce type de modification s'effectue de manière moins rapide et avec de plus grandes difficultés que dans le cas du plan.

tefois, l'important n'est pas tant de savoir ce qui est cause de quoi, mais d'être conscient que tout changement d'un élément du management peut entraîner la modification d'un autre.

Avec ce chapitre, nous terminons l'étude du processus de management, processus interactif en évolution constante dont l'amélioration demeure le but ultime de l'organisation.

CONCLUSION

> « Une société ne marche pas avec des règlements établis une fois, pour toutes, c'est une création incessante. »
>
> Detœuf.

Remettre sur le métier sans cesse son ouvrage, tout en gardant un cap qui donne du sens à l'action, telle devrait être la préoccupation principale du gestionnaire. Le management ne peut être immuable dans une société traversée par de multiples changements – révolution des supports d'information, accroissement de la concurrence mondiale, désir des acteurs à participer et comprendre, recherche du respect, apparition de nouvelles formes de travail. Plus que jamais, le management doit prendre en compte ces nouvelles dimensions de notre monde en mutation.

Souplesse, réactivité, autonomie, mais aussi interdépendance, complémentarité, synergie sont des qualités dorénavant recherchées. L'organisation bureaucratique hiérarchisée a fait long feu pour faire place à une forme nouvelle forme d'organisation négociée. Il n'y a plus de modèle unique mais des modes de fonctionnement satisfaisants que les acteurs de l'organisation contribuent à construire. Ici encore, le management doit donner une réponse qui ne soit pas en décalage avec son temps. L'accroissement de la concurrence internationale, par ailleurs, nécessite la mise en place de structures souples facilitant une gestion locale tout en prenant en compte le contexte global. Souplesse et autonomie du petit en appui sur les forces et ressources du grand sont recherchées. L'apparition d'une société fondée plus encore que par le passé sur l'information, dans laquelle des centaines de millions d'individus sont reliés à l'échelle planétaire par des réseaux de télécommunication, modifie la conception du management. Management où la déconcentration des tâches, mais aussi leur meilleure coordination, sont devenues une réalité. Enfin, le progrès technologique, aussi bien dans les usines que dans les bureaux remet en cause la manière de faire et de diriger. Dans ce nouveau contexte, la gestion du changement est loin d'être un thème éculé. Elle se trouve au centre des débats de l'organisation soumise au forces précédemment évoquées. Une tension existe entre changement et continuité, entre rupture et évolution que le management se doit de maîtriser.

Toutefois, quelle que soit la nouvelle direction à prendre, le management se devra être de qualité. C'est-à-dire qu'il devra s'appuyer sur les règles que nous avons rappelées. Il ne s'agit pas ici de prescrire un nouveau type de management idéal qui n'existe pas. Mais simplement de rappeler qu'il existe des règles d'ajustement que l'on peut utiliser pour construire les réponses à apporter au nouvel environnement des entreprises et organisations. De multiples structures, styles de direction, modes de contrôle sont à la disposition de celles et de ceux qui ont pour mission de construire un management adéquat. C'est dans cet ensemble qu'il faut puiser avec pour seul souci la recherche de la cohérence et de l'équilibre. Toutefois, comme nous le rappelle Karl Weick, une difficulté majeure demeure : continuer à faire ce qui a toujours été fait dans le court terme, faire différemment pour se préparer au long terme et, bien entendu, faire ces deux choses à la fois !

TABLE DES MATIÈRES

Imprimé en France
par MD Impressions
73, avenue Ronsard, 41100 Vendôme
Août 2008 — N° 54 716